PROJETO 4 HOMENS

Cindy Lu

PROJETO 4 HOMENS

A matemática do amor para fisgar o cara certo

Tradução
Débora Guimarães Isidoro

CIP-BRASIL. CATALOGAÇÃO-NA-FONTE
SINDICATO NACIONAL DOS EDITORES DE LIVROS, RJ.

L96p   Lu, Cindy
        Projeto 4 homens: a matemática do amor para fisgar o cara certo / Cindy Lu; tradução: Débora Guimarães Isidoro. — Rio de Janeiro: Best*Seller*, 2009.
        il.

        Tradução de: The four man plan
        Contém glossário
        ISBN 978-85-7684-261-3

        1. Encontro (Costumes sociais) — Estados Unidos. 2. Relações homem-mulher — Estados Unidos. I. Título. II. Título: Projeto quatro homens.

09-2084   CDD: 306.730973
                                           CDU: 392.4(73)

Texto revisado segundo o novo Acordo Ortográfico da Língua Portuguesa.

Título original norte-americano
THE FOUR MAN PLAN
Copyright © 2007 by Cindy Lu
Copyright da tradução © 2009 by Editora Best Seller Ltda.

Capa: Rafael Nobre
Editoração eletrônica: FA Editoração

Todos os direitos reservados. Proibida a reprodução, no todo ou em parte, sem autorização prévia por escrito da editora, sejam quais forem os meios empregados.

Direitos exclusivos de publicação em língua portuguesa para o Brasil adquiridos pela
EDITORA BEST SELLER LTDA.
Rua Argentina, 171, São Cristóvão
Rio de Janeiro, RJ — 20921-380
que se reserva a propriedade literária desta tradução.

Impresso no Brasil

ISBN 978-85-7684-261-3

PEDIDOS PELO REEMBOLSO POSTAL
Caixa Postal 23.052
Rio de Janeiro, RJ – 20922-970

Para Earl, meu marido, meu Homem Três e Meio

Agradecimentos

Minha mais sincera gratidão a:
Minha confiável agente, Kim Matuka.
David Vigliano, Kirsten Neuhaus e a fantástica equipe da Vigliano e Associados; e Aaron Shure e Dan Simon pela encantadora introdução.
Ann Campbell, Laura Lee Mattingly e todos na Broadway Books por sua fé e por seu entusiasmo.
Jean Cleary pelo trabalho incansável e pelos belos e divertidos desenhos, trabalho de arte e fotos.
Rizwan Kassim, garanhão da matemática e das ciências.
Aos artistas David Milano e Jason Hill.
Meus mentores, conselheiros e muitos, muitos terapeutas, incluindo, mas não limitando a: Paul Linke, Rita Navroth, Donna Bloom, Brenda Williams e Bill Burns.
Todas as minhas fabulosas amigas e Projetistas4H pelos conselhos e pelo amor trocado, especialmente: Shari Albert, Ellen Bartell, Lacey Brooks, Glenna Citron, Marylee Fairbanks, Michele Latham, Käthe Mazur, Stacy Solodkin e Lucy Yeh.
Aos homens que fizeram parte da minha vida. Aprender com vocês todos foi um presente fabuloso.
Minha mãe e meu pai. Minha querida irmã mais velha, Na-Chi Campbell.
Mestre Hua-Ching Ni.
Acima de tudo, meu marido, Earl Martin, por ter me ajudado a encontrar minha voz e me permitir compartilhar nossa história.

Sumário

Introdução	14
1. A EQUAÇÃO FUNDAMENTAL	21
2. COMO TUDO COMEÇOU	29
Uma Cinderela complexa	30
Uma confusão de ex	32
Minha epifania no aeroporto	35
Chuck	36
Romeo	43
3. MATEMÁTICA E CIÊNCIA PARA AJUDAR	47
Sou chinesa. Somos bons em matemática	48
4. AS TEORIAS POR TRÁS DO P4H	51
P4H e animais de estimação	52
P4H e administração de cassino	54
P4H e abdominais arrasadores	56
P4H e esportes	58
P4H e meu jeans bonitinho	59
P4H e dinheiro	61
5. OS POSTULADOS DO P4H	63
A distribuição de amor	65
O Teorema Disney	67
O Índice de Espera por Sexo	70
A Regra de Chuck	74
Você é péssima no Amor	76

6. **COLETA DE DADOS**   81
7. **O GRÁFICO MANTRIS**   91
8. **OS HOMENS-PROJETO**   93
    O Homem Um Quarto   94
        Métodos de coleta   98
        Como coletar Homens Um Quarto   99
        A conexão à internet   101
        Atração química   103
    O Homem-metade   106
        Como dividir um homem ao meio   110
    O Homem Inteiro   112
        Como mantê-los inteiros   116
    O Homem Dois e Um Quarto   117
    A Régua de Cálculo de Intimidade   120
    O Reflexo Ex   122
    Como usar o Mantris   124

9. **OS PRINCÍPIOS DO P4H**   127
    O Fator Sim   129
    O ângulo Garota das Garotas   131
    O mínimo de dois encontros, ou, dê uma chance a Pete   135
    O paradoxo da conversa   139
    O pêndulo de Lu   142
    A escada para o término   145
    Ele deve ser removido ou rebaixado?   152

10. **CONCLUINDO O PLANO**   155
    Seu objetivo final, o Homem Três e Meio   157
    O plano sem plano, ou a grafectomia   160
    Solteira com sucesso   160

11. COMO APLICAR O PLANO 161
Minha aplicação do P4H 162
Earl 169
Um casamento na praia 175
Um casamento em Las Vegas 178

12. PROJETISTA DA PROJETISTA4H 181
Histórias de sucesso de projetistas4H 182
   Projetista4H Stella — A ocupada 183
   Projetista4H Chelsea — A queridinha 188
   Projetista4H Ellie — A fênix 194
   Projetista4H Georgia — A grande matrona 200
Como usar o Mantris em branco 204

Em resumo 217

O credo da Projetista4H 219

Glossário 221

Sobre a autora 223

Você é fabulosa e solteira?
Muito, muito solteira?

Experimente isso...

O P4H*

"Buscar a verdade é mais importante que possuí-la."
— ALBERT EINSTEIN

*Abreviação para o Projeto Quatro Homens. Também chamado O Plano.

Introdução

Em julho de 2006, um espetáculo solo, *O projeto quatro homens*, estreou em um pequeno teatro com uma pilha de livros de publicação independente à venda no saguão. Para ser franca, na época, quando o chamei de Revolução do Namoro, acreditei realmente que poderia ser, mas estava falando bobagem. Acontece que sou uma supervidente! Era tudo isso mais uma caixa de bombons. Não é só uma Revolução do Namoro; mas para todas nós, garotas, o P4H é a *Evolução* do Namoro. É um sistema científico fácil de seguir que vai ensinar o básico do amor, interno e externo, como deviam nos ter ensinado desde os tempos do colégio.

O único requisito para se tornar uma Praticante4H é querer assumir o comando de sua vida amorosa. Não é só desejar e esperar, enquanto coleciona fotos de modelos masculinos da Calvin Klein arrancadas de revistas, mas pôr a mão na massa e agir, fazer alguma coisa para ter mais amor na vida.

Para meu encanto e minha surpresa, O P4H agora é experimentado e utilizado por todas, das adolescentes às sexagenárias. E, recentemente, recebi notícias de uma Praticante4H que ficou *noiva* apenas cinco meses depois de ter iniciado O Plano. Elas escrevem em blogs e criam catálogos, riem e alimentam gráficos até chegarem ao altar!

As informações que tenho recebido de mulheres de verdade que experimentaram O Plano, sejam elas fiéis seguidoras do método ou amadoras, são de grande valor. Nesta edição, quis responder às perguntas dessas mulheres e incluir seus insights. O Projeto Quatro Homens trata, afinal, do que podemos fazer para ajudarmos umas às outras e amarmos a nós mesmas.

Se alguém lhe deu este livro de presente, uma dessas três coisas está acontecendo:

1. Sua amiga é uma Praticante4H e está se divertindo. É definitivamente muito mais engraçado com a companhia de suas amigas. Participe!
2. Sua amiga/parente/colega de trabalho está certa de que você é péssima nessas questões de amor e quer dar uma mãozinha. Não se ofenda — elas amam você e querem vê-la feliz.
3. Seus pais estão usando este livro como substituto ou reforço da incômoda "conversa sobre sexo" entre pais e filhos. Confie em mim, você encontrará aqui informações bem diretas de sua tia legal Cindy. Sinta-se à vontade para discutir o livro com eles depois que terminar a leitura. (Provavelmente, é o que eles estão esperando.)

Você está preparada?

A estrutura para se relacionar, as respostas diretas que você procurava sobre relacionamentos, finalmente estão aqui! O Projeto Quatro Homens começa do ponto em que a terapia e os livros de autoajuda saem de cena. Para começar, vamos imaginar que você reconhece que seus pais estão entre inconvenientes e psicóticos, e o que os perturba tem intensa participação em seu transtorno. Enfrente isso e não se deixe abater. Não é uma sentença de morte.

É claro que você já investiu esforço considerável nessa coisa do amor, e agora está no vermelho. Todo o tempo, a energia, o sacrifício e o sofrimento que você empenhou não resultaram em nada além de uma pilha de caixas vazias de lenços de papel, alguns números de telefone bloqueados e excessivos rituais das deusas.

É certo que você é fabulosa, inteligente, querida e bem-sucedida em todas as outras áreas de sua vida. Você usou seu tempo de maneira sensata para construir amizades, carreira e se desenvolver pessoalmente. É independente; sabe que não *precisa* de um homem. Você não é uma fracassada, só está solteira. Talvez seja porque está saindo com qualquer um, sem objetivo. Talvez esteja apaixonada por alguém que simplesmente não lhe dá o que é necessário. Ou, quem sabe, esteja apenas apavorada com algumas facetas da vida de solteira, como o Dia dos Namorados, cozinhar para uma pessoa só, dormir com seu gato. Coisas da vida solitária. Muito, muito solitária. Está começando a suspeitar de que o amor não é seu ponto forte?

No meu círculo de poucas e sábias amigas solteiras, trocamos várias formas de coinfelicidade regularmente:

a. **Histórias de relacionamentos bizarros:**
   "O cara com quem saí tomou cinco martínis em uma hora."
   "Ele tinha seis dedos em um dos pés."

b. **Pedidos desesperados de ajuda:**
   "Posso terminar um relacionamento por e-mail?"
   "O que significa quando ele lhe dá a chave e depois troca a fechadura?"

c. **Contemplações profundas sobre uma vida sem homem:**
   "Lesbianismo é algo que se pode aprender?"
   "Onde me inscrevo para ser freira?"

d. **Declarações abrangentes contra homens:**
   "Meu gato e eu estamos muito bem sozinhos!"
   "Um faz-tudo e um 'massageador de nuca' vibratório são tudo de que preciso!"

Esses sentimentos são comuns à mulher de hoje. Não sabemos como obter as respostas que esperamos dos homens. Ou um sentimento de desespero e competição nos deixa com a calcinha em chamas, ou a impotência e os julgamentos precipitados transformam nosso quarto em tundras geladas. Viver um relacionamento saudável e mútuo com um homem sincero, amoroso e disponível parece tão improvável quanto aquela idiotice sobre o sapo que vira príncipe que meteram em nossa cabeça quando éramos meninas impressionáveis. Como consequência, o gênero feminino é confuso. Vamos encarar os fatos, sabemos que aquele cara gordinho de roupa vermelha e risada alegre não existe. Sabemos que não há um coelho gigante com uma cesta cheia de ovos de chocolate. Sabemos que nunca houve uma fada obcecada por dentes e com notas de cinco dólares nas asas. Então, por que ainda acreditamos que existe um bonitão de traços perfeitos, corpo musculoso e dono de um castelo procurando por nós, esperando para realizar nosso sonho de ser enfeitiçada? Acreditar que seu futuro amor está *"por aí em algum lugar e vai me encontrar um dia!"* é tão prático quanto acreditar na mesma coisa com relação a seu próximo almoço ou salário.

Enquanto tentava encontrar o elusivo Príncipe Encantado, eu me menosprezei, me comportei mal e aceitei ser desrespeitada muitas e muitas vezes. Isso consumiu muito do meu tempo e da minha energia e fez com que me sentisse sozinha e esgotada. O Projeto Quatro Homens foi minha fórmula para me recuperar.

> **Por que preciso de um plano?**
> Traçar um plano não é um ato de desespero. É a expressão definitiva de fé e otimismo. Um plano simplesmente delimita um traçado cuja conclusão ainda requer interferência divina, assistência do fator surpresa e todas as outras coisas boas que fazem a vida ser divertida. Ele canaliza seus esforços e articula a intenção de realizar seu desejo. Traçar um plano e segui-lo ajuda você a lidar com os altos e baixos que são inerentes ao processo de conquistar qualquer coisa digna do seu esforço.

Qual é a eficiência do Projeto Quatro Homens? Eu havia começado a colocar em prática o P4H quando um homem lindo, bem-sucedido, fiel e que foi uma doce surpresa conquistou meu coração. Estamos juntos há mais de seis anos e vivemos em uma casa adorável com nossos três cachorros. No dia 10 de março de 2007, nos casamos. Foi muito trabalhoso chegar aqui, mas estamos felizes, apaixonados, e temos um relacionamento estável. Isso mesmo, eu sou a primeira história de sucesso do Projeto Quatro Homens!

A seguir relaciono expectativas razoáveis para qualquer mulher que se der o trabalho de experimentar o P4H:

- Elevar sua autoestima atribuindo maior valor a si mesma, a sua energia, a seu coração e a sua vagina.
- Escolher e incentivar homens de qualidade e honra.
- Tornar-se a *selecionadora*, não a *selecionada*.
- Encontrar equilíbrio emocional.
- Atualizar um sistema de amor que há muito funciona mal.
- Tornar a vida de solteira muito mais divertida.

Dito isso, ir em frente e se esforçar para realizar O Plano pode lhe assegurar a maior de todas as notas:

UM *homem para guardar o seu lugar, massagear seus pés e grelhar seu filé até o "felizes para sempre".*

Vai dar certo para você? Faça as contas.

(Não se preocupe, você não precisa ser realmente boa em matemática. Estarei aqui para ajudá-la em todos os passos do caminho.)

Se você é um homem
Uma dessas três coisas está acontecendo:

1. **Você entrou acidentalmente no banheiro feminino.**
   Saia sem fazer alarde, ninguém notou.

2. **Você é um gênio.**
   Você conhece uma Praticante4H e percebeu que o conteúdo do livro está disponível para você. Não há nenhum mal ou desonestidade em conhecer e compreender O Plano. Há aqui uma riqueza de informações que vai ajudá-lo a progredir com sua garota, e ela deverá reconhecer que você se dedicou ao dever de casa.

3. **Você é gay.**
   Ai, meu Deus! Estou mesmo recolhendo dados sobre gays e O Plano. Preciso da sua ajuda! Experimente, e depois, por favor, me mande um e-mail e conte como isso funciona para vocês homens!
   www.thefourmanplan.com.

1. A EQUAÇÃO FUNDAMENTAL

$$4_{(h)}^{p} = vc + 1$$

Homens vezes quatro, elevados à potência do Plano, é igual a você mais alguém.

"Se você quer ter uma vida feliz, atrele-a a um objetivo, não a pessoas ou coisas."
— SR. A. E.

Vamos à equação...

A equação fundamental de Lu para encontrar o amor

Tudo bem, vamos parar aqui por um segundo.
 Em ciência, uma **equação fundamental** é aquela que expressa lei física. Por exemplo, a mais famosa é a equação fundamental da relatividade de Einstein:

$$E = mc^2$$

$E = mc^2$ é a equação que expressa **uma equivalência entre energia (E) e massa (m), em proporção direta ao quadrado da velocidade da luz no vácuo (c^2)**. Basicamente, Einstein está dizendo que "energia e massa são duas formas da mesma coisa".

Todas as crianças que gostam de ciência têm sua própria equação fundamental, então, aqui vai a minha:

$$4(h)^p = vc + 1$$

Essa equação expressa a lei física de que *quatro vezes os homens (h), elevados à potência do Plano (p), é igual a você mais alguém (+1)*. Basicamente, estou dizendo "tire o traseiro da cadeira, experimente algo novo, pare de choramingar e você conseguirá um relacionamento permanente".
Vamos por partes.

$4_{(h)}{}^p$

Quatro vezes homens elevados à potência do plano = o renascimento do cavalheirismo

Você já se perguntou por que há tantos *meninos* e tão poucos *homens* por aí? É porque alguma coisa realmente estranha está se propagando em nossa atual cultura. Parece que estamos aceitando a noção de que ser vadia é legal. Prova disso é o grande número de garotas que se dispõe a mostrar os seios e fingir ser lésbica por uma jarra de margaritas e um gole de uma atenção qualquer.

Algumas mulheres também se deixaram convencer de que o caminho para o amor e o sucesso é pavimentado pelo sofrimento de outras mulheres, porque simplesmente não há homens bons suficientes por aí. O que não percebemos é que todo homem pode se tornar um homem bom.

Você pode não acreditar, mas, com as oportunidades e o ambiente certos, o cavalheirismo surge naturalmente nos homens. Ativar seu instinto competitivo durante a busca pelo amor ativa simultaneamente o desejo de ser cavalheiro. O cavalheirismo tem minguado em nossa cultura, porque quando as mulheres competem umas com as outras e começam a distribuir boquetes como aperto de mão, restam aos homens poucos motivos para se esforçar. O Projeto Quatro Homens é a placa de Petri do cavalheirismo.

Há um limite para o que eles podem aprender com a mamãe. Todas nós conhecemos um homem que é um doce com a mãe e um canalha com a mulher com quem se relaciona. Cabe a nós, suas parceiras em potencial, mostrar a eles a maneira natural de tratar *todas* as mulheres, que é com profundo respeito pelas belas, enigmáticas e atraentes criaturas que fomos criadas para ser.

Se as mulheres decidirem *como um gênero* que nós merecemos ser tratadas com honra e respeito, os homens reagirão à altura e, *como um gênero*, atenderão às nossas exigências. Podemos criar a geração híbrida Steinem/Guinevere, preservando integralmente nossa igualdade e nosso progresso social enquanto recuperamos o direito de sermos tratadas como princesas. Eles precisam fazer por merecer, garotas.

$P = VC$

O poder do plano cai bem em você

Há duas traduções para essa afirmação:

1. O Projeto Quatro Homens tem por objetivo ajudá-la a ser mais você. Uma das lições fundamentais que se aprende quando se sai com vários homens é que nem tudo tem a ver com eles. O Plano tem a ver com você, com sua capacidade de se amar e ser bem tratada.

2. O Plano Quatro Homens fica ótimo em uma mulher.

vc+1

Você mais alguém

VC + 1 significa a mais fabulosa você, *mais* UM HOMEM DIGNO que seja seu verdadeiro parceiro, melhor amigo e amante incrível.

Deixe-me lembrar aqui, só para registrar, que não há nenhum problema em ser solteira. Às vezes é exatamente disso que você precisa. Sem minha divertida, desinibida e esclarecedora solteirice, eu não seria a garota incrivelmente legal que sou hoje. Mas há um tempo na vida em que seu nome começa a aparecer nas listas de convidados como "você mais um"; você só quer saber ao certo quem diabos é essa outra pessoa.

Com um objetivo claro, você mais um pode sustentá-la nas etapas em que O Plano fica difícil. Ele foi criado para prepará-la para o amor e para atrair um homem de qualidade para sua vida. Mas uma coisa boa para se manter em mente é que nenhum homem é responsável pela sua felicidade. Esse é um projeto solo. Quanto mais feliz você é com você mesma, melhor o parceiro que adicionará à sua vida.

> "Se você quer ter uma vida feliz, atrele-a a um objetivo, não a pessoas ou coisas."
> – ALBERT EINSTEIN

LEGENDA DO P4H

Sim, você vai sair com um total de até quatro Homens Inteiros ao mesmo tempo. Mas nem todos são iguais. Cada homem em seu plano, ou "Homem-projeto", qualifica-se para um de seus quatro valores básicos.

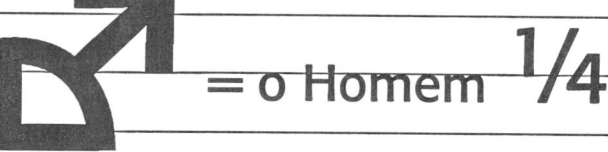 = o Homem 1/4

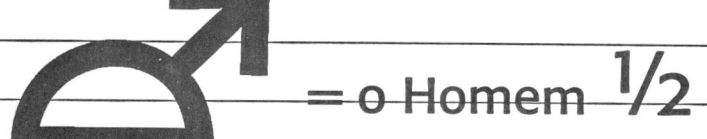 = o Homem 1/2

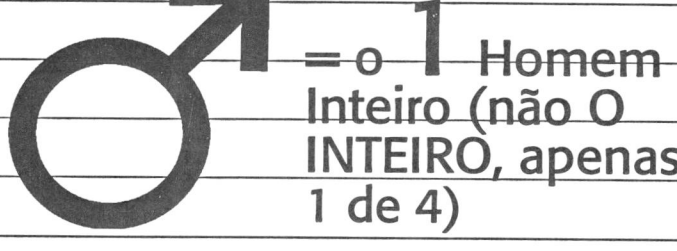 = o 1 Homem Inteiro (não O INTEIRO, apenas 1 de 4)

O Homem 2¼

Não tema, sexo faz parte do P4H.
Esta não é uma cartilha da escola dominical disfarçada.

Aguarde mais detalhes...

2. COMO TUDO COMEÇOU

Exposição dos eventos que levaram à criação do P4H.

> "Insanidade: fazer a mesma coisa muitas e muitas vezes e esperar resultados diferentes."
>
> — AL

Uma Cinderela complexa

Um dos meus terapeutas, ah, e tive muitos, me disse que aos 5 anos de idade as meninas romantizam a figura paterna. Isso explica MUITO.

Quando eu tinha 5 anos, meus pais se divorciaram, e foi muito feio. É sério, foi muito, muito feio. Testemunhar aquele casamento e a separação foi tudo de que eu precisava para me confundir completamente.

Passei aproximadamente os 25 anos seguintes obcecada pelos homens errados e cultivando uma vida amorosa desastrosa. Três coisas me conduziram para esse infortúnio: uma fantasia de Cinderela, desafiar os padrões de uma mãe desprezada e uma insaciável carência afetiva causada pelo fato de ter sido abandonada por meu pai.

Pouco antes de eles se separarem definitivamente, e logo depois de eu ter começado minha vida escolar nos Estados Unidos, num esforço diplomático para uni-los pelo orgulho parental, convenci meus pais a comparecerem a uma reunião na qual eu seria nomeada a Aluna do Mês. Ser a garota nova havia sido difícil, e meu nome chinês, An-Pai, se tornara An-Pipi (xixi) e An-Pupu (cocô) nas mãos de meus colegas de pré-escola. Mas aquela era minha chance de brilhar. Porém, meu momento de orgulho foi arruinado quando a professora pronunciou meu nome de forma errada, "An-Pie" (torta), e um menino da minha turma gritou: "Ana CARA de TORTA!", e a sala explodiu. Juro que vi até o diretor dar risada.

E aqui vai o que fez eu me apaixonar por meu pai: no dia seguinte, ele chegou em casa com formulários escolares e pediu para minha irmã e eu escolhermos nomes novos. Nomes americanos. Minha irmã escolheu "Linda", porque havia aprendido pouco antes que a palavra significava "bonita" em espanhol. Predisposta a competir com ela pelas migalhas de amor que meu pai distribuía, escolhi *"Cinderela a menina mais linda do mundo!"*

Ei, eu tinha 5 anos. Admita, você teria feito a mesma coisa.

Ele abreviou o nome para Cindy. Gostaria de pensar que foi um ato de misericórdia, mas, provavelmente, foi uma incapacidade de pronunciar e soletrar Cinderela e a inerente aversão chinesa a todos aqueles *"Rs"* e *"Ls"*. Meu nome fantasia se tornaria meu mais antigo segredo, e o "feliz para sempre" de Cinderela se tornaria meu sonho mais duradouro.

O que eu sabia sobre meu pai naquela idade era que ele era faixa preta sexto grau, alguém capaz de se mover com tanta velocidade que às vezes eu olhava para ele e via só um borrão. Ele era bonito, alto, e podia produzir relâmpagos de energia curativa com as mãos. Era legal, talentoso e se relacionava com pessoas famosas como Mohammed Ali e os jogadores de futebol americano do L. A. Rams.

Mas eu não sabia que ele apostava em jogos, amava o perigo e queria ter filhos homens. Pouco depois de ele ter me dado o nome de Cindy, meu pai abandonou nossa família e foi viver com uma comissária de bordo de uma empresa aérea chinesa que tinha metade da idade dele.

Minha mãe ficou sozinha em um país estrangeiro, responsável por ela e por duas filhas, sem falar inglês e sem nenhuma capacitação profissional. Ela ficou *furiosa*. E foi então que minha mãe o renomeou. Algumas de suas poucas palavras americanas eram **"Mentiroso! Traidor! Filho da Puta!"** Quem podia culpá-la? Xingá-lo e maldizer todos os homens passou a ser seu ritual diário. Mas eu o amava, sentia saudades dele e queria ficar com *ele*, não com ela.

Inconscientemente, esses eventos me impeliram numa cruzada para provar que minha mãe estava errada sobre os homens e que eu seria bem-sucedida onde ela havia fracassado. Meu objetivo:

A cruzada de redenção do papai

Objetivo nº 1. Encontrar um homem como meu pai (isto é, um mentiroso, trapaceiro, jogador e um sonhador emocionalmente distante que nem sabia que eu estava viva).

Objetivo nº 2. Fazê-lo se apaixonar por mim.

Objetivo nº 3. Transformá-lo em um homem leal, amoroso, e fazê-lo ficar comigo para sempre.

Para mim, nada era mais excitante que a parte de trás da cabeça de um homem quando ele estava saindo pela porta.

Uma confusão de ex

Durante minha adolescência, não houve um dia em que eu não dedicasse algum tempo à obsessão por minha vida amorosa. Ou, sendo mais sincera, o diálogo interno sobre meu alvo mais recente era ocasionalmente interrompido por outros pensamentos. Eu podia ter sido um estudo clínico para a doença que é chamada de maneira tão irreverente de "Louca por Garotos". Eu me lembro de ter sido apaixonada por meu professor no primeiro ano, e no terceiro eu perseguia os meninos no recreio tentando beijá-los. Sonhava acordada em ficar atrás do palco com Keith Partridge, andar na moto de Ponch e em esmurrar Joanie para ficar com Chachi. Assim que cheguei à idade de ter encontros, mal podia esperar para transformar a fantasia em realidade, uma verdadeira cruzada em nome da conquista.

Aos 18 anos, fui para a cama pela primeira vez com um namorado, Johnny. Era um surfista incrível com uma namorada em Detroit, sua cidade natal. Mas ela estava longe demais para um de nós se incomodar com os sentimentos dela. Ele só gostava de mencioná-la de vez em quando para me lembrar que havia alguém em algum lugar a quem ele *realmente* amava. Ele me deu o primeiro orgasmo e, logo depois, me deu também meu primeiro baseado; "Droga de surfista", ele chamou a coisa que fumamos. Como eu poderia *não* me apaixonar pelo sujeito? Mas ele considerava o mar "sua garota da Costa Oeste", e estava sempre me trocando por ela, mesmo quando ela literalmente o esfolava. Eu era a *terceira* nessa lista.

Depois foi Anthony, um ator shakespeariano com o dobro da minha idade. Ele praticamente me adotou e me explicou que era muito importante para seu ofício "conhecer", o que significava ir para a cama com TODAS as suas protagonistas. Isso levou a um relacionamento muito "aberto", o que pode ser meio estranho quando você divide um apartamento de um quarto com ele. A última vez que o vi foi como Oberon, partindo com uma Titânia recentemente integrada ao elenco e um carro cheio de fadas.

Stephan fazia escultura em gelo e tinha um sotaque britânico imperceptível. Não é legal? Ele adorava quando eu ficava sentada sobre o bloco de gelo que ele estava esculpindo no freezer onde cabia uma pessoa. Ele empunhava uma serra e um cinzel, tinha sempre um cigarro pendurado no canto da boca, usava apenas camiseta e jeans, e calçava grandes botas pretas de borracha. Seus olhos estavam sempre vermelhos pelo consumo de absinto, e ele me chamava de musa enquanto me cobria com pedaços de gelo e poeira gelada. Era um amante egoísta, mas só era cruel comigo quando tinha ataques de sonambulismo. E quando concluí minha lista de coisas que ia modificar nele, Stephan desapareceu depois de ter ateado fogo no armário de toalhas de um clube de campo. Não é esquisito?

Eddie era um romance de longa distância, e só tinha 16 anos a mais que eu. Ele era bem-sucedido, rico e, nas fitas cassete pornográficas que gostava de mandar para mim, dizia que me amava. Em uma das minhas visitas, ele alugou o clássico *À meia luz*, de 1944, porque não acreditava que eu não havia assistido ao seu filme preferido! Muito tempo depois de termos combinado que seríamos monogâmicos, ele me disse que o preservativo da embalagem vazia que eu havia encontrado sob nossa cama fora usado enquanto ele se masturbava para "evitar a sujeira". Ele até convenceu o melhor amigo a confessar que fazia a mesma coisa. Esse mesmo amigo corroborou a desculpa ridícula de Eddie depois de ter passado a noite fora de casa e voltado cheirando a pêssego artificial e com um novo corte de cabelo. A verdade era que ele andava dormindo com sua cabeleira de pernas finas, Gilda. De acordo com as cartas de amor que eu havia encontrado em seu arquivo (sim, eu estava bisbilhotando), eu acreditava que ele estivesse dormindo com a vizinha! Descobri que ele estava se deitando com as duas. E essas foram apenas aquelas de quem encontrei evidências. Ele executava manobras muito bem-sucedidas para me fazer sentir louca, e dizia que meus métodos escusos para conseguir provas tornavam meu caso inadmissível. Finalmente percebi que Charles Boyer não tinha nada a ver com Eddie. Rompi com ele e dirigi meu Corolla de volta para o lugar de onde havia saído.

Quando estava com eles, eu me convencia de que cada um daqueles homens era meu príncipe. Todos correspondiam ao Objetivo nº 1 da Cruzada. Talvez alguns até cumprissem o Objetivo nº 2 e me amassem à maneira deles. Quanto ao nº 3? Eles nunca mudaram, nunca ficaram. Mas eu havia me transformado... em uma perseguidora pegajosa, desesperada, alucinada. Era horrível pensar nisso, mas talvez minha mãe estivesse certa.

Minha epifania no aeroporto

É vergonhoso admitir, mas durante todos os anos da faculdade alimentei a fantasia de que meu pai voltaria para mim. Ele apareceria na minha porta cheio de desculpas sinceras, um homem mudado, pronto para abraçar a missão de ficar e me amar para sempre. Daí a Cruzada, porque se ele não fazia isso, *alguém* tinha de fazer.

Nos anos seguintes ao divórcio de meus pais, raramente vi ou tive notícias de meu pai. Uma ocasião foi o enterro de minha avó, quando eu tinha 13 anos. Eu o vi chorar sobre o corpo de sua mãe e então, supondo que ele realmente sentia aquela coisa que liga pais e filhos, implorei para ir com ele. Ele não disse nada; apenas olhou para mim e desapareceu novamente. Um manto de rejeição e um sentimento de total invisibilidade me atormentaram daquele momento em diante. Não voltei a vê-lo durante a infância.

Mais tarde, quando eu estava com 25 anos, num movimento ousado e incomum, ele telefonou *para mim* e quis *me ver*. Mas então eu era uma mulher. Acreditava ter amadurecido e superado o abandono, por isso concordei com a visita. Sou tranquila. É tranquilo. Está tudo tranquilo.

Quando dirigia meu carro para ir buscá-lo no aeroporto, conversei comigo mesma: "Você é capaz disso, ele é seu pai e está tomando a iniciativa de estender a mão." Fiquei no portão de desembarque vendo os passageiros descer do avião. Percebi que não tinha ideia de que aparência ele tinha, por isso tentei criar uma imagem mental dele.

Resmungava para mim mesma enquanto estudava a multidão: "Ele está muito mais velho agora, deve estar grisalho, talvez esteja corcunda... Ora, eu mesma tinha dez centímetros a menos na última vez que o vi. Posso ser mais alta que ele. Se ele for só um velho, não fique chocada." Eram esses os meus pensamentos quando o Cupido acertou meu coração.

O bonitão estava descendo do avião. Ele mantinha os óculos escuros mesmo em ambiente fechado e vestia uma jaqueta de couro. Seu andar era confiante. Esqueci completamente o que eu estava fazendo ali. *"Uau, quem é o bonitão?"* Eu me aproximei, meu corpo visceralmente impelido para aquele movimento de cena de filme do tipo amor à primeira vista que não deixaria que ele sumisse na multidão, e quando estava a meio metro dele, percebi que aquele *cara* era meu pai.

Eeeeeecaaaaaa.

Estremeci. Ah, não, eu não estava bem. Naquele momento, minha inconsciente cruzada de redenção do papai tornou-se um tapa na cara plenamente consciente. Acordei para a minha neurose e decidir abandonar a Cruzada **na marra**.

Chuck

Minha primeira tentativa de relacionamento com um homem que não era parecido com meu pai foi com Chuck. Ele era um anjo, dono de uma beleza doce, angelical, e que me foi apresentado por um amigo em comum. Ele era amoroso, sincero e de coração puro. Idolatrar-me era fácil para ele, e Chuck me cobria de gentilezas: um bilhete carinhoso deixado na mesinha de cabeceira, me aquecendo com o suéter que ele estava usando, sempre se certificando de andar pela calçada do lado mais próximo da rua. Coisas que eu jamais havia experimentado antes.

Ele também era fantástico quando beijava, e por muito tempo não permiti que ele fosse muito além disso... porque... bem... ah... porque... Tudo bem, porque ele tinha mãos e pés muito pequenos, e eu estava apavorada com a ideia de ele ter um pênis proporcional, de eu rejeitar aquele homem tão doce por causa do tamanho de seu pênis, e assim me tornar uma espécie inteiramente nova de pessoa horrível.

Então, esperei. Por semanas esperei que ele fizesse alguma coisa cruel, mas ele não parecia ser capaz de nenhuma maldade. Desagradável? Nada, ele era um perfeito cavalheiro. Ligeiramente insensível? Nunca, ele espantava aranhas para não ter de matá-las. Eu procurava por *qualquer coisa* que pudesse justificar minha decisão de sair correndo, de abandoná-lo. Nada, ele era sempre sincero, amoroso e disponível. Continuamos juntos por mais um mês de felicidade enquanto eu tentava planejar um ato imperdoável para que *ele me* deixasse. O tempo todo, estávamos nos conhecendo, desfrutando a companhia um do outro, aproveitando nossos encontros ardentes. Em uma ocasião, até ficamos trancados em uma garagem durante toda noite, porque ela foi fechada enquanto nos afogávamos em beijos e trocávamos carícias.

Mas eu não chegava nem perto de seu membro. Mantinha as mãos e os olhos bem longe dele. Não queria saber o que havia, ou não havia, ali. Com o tempo, acabaríamos nos separando, certo? E eu estava determinada a evitar que esse rompimento acontecesse porque ele tinha apenas meia salsicha no seu cachorro-quente; seria uma decisão madura, legítima.

Chuck confundiu minha hesitação e minha castidade com autorrespeito. E isso só o fez me amar ainda mais e se esforçar mais para merecer o cobiçado prêmio de minha preciosa flor. Credo!

Estávamos no purgatório do namoro havia quase dois meses, quando ele me deu o melhor aniversário da minha vida. Chuck planejou um acampamento e convidou Angus, seu amigo, um enorme pastor alemão. Tudo porque eu adorava cachorros e amava acampar (dormir no chão desde então perdeu muito do encanto). Eu contara a Chuck, e ele prestara atenção.

No dia do meu aniversário ele me acordou cedo, me disse para pegar roupas quentes, biquíni, botas de escalar, e saímos.

A montanha que ele escolheu era maravilhosa! Nadamos em um lago azul e cristalino logo no início da subida. Chuck levara tudo de que eu mais gostava e vários pequenos presentes. Carregava tudo em sua mochila, produzindo uma surpresa depois da outra durante todo o caminho.

Quando subíamos a escada para o local do acampamento, tivemos de atravessar um rio caminhando sobre uma tábua, mas Angus, apesar de todo nosso incentivo — "Vamos, Angus, você consegue. Angus! Angus, vamos!", se recusava a passar por cima da tábua. Então Chuck, e como eu disse ele era meio... divino, carregou aquele animal enorme pela correnteza fria do rio, com água até a cintura, apoiando-se contra a tábua, usando toda a força das mãos pequeninas.

Angus não ficou satisfeito, mas Chuck o levou em segurança até o outro lado, onde o cachorro correu para o meio das árvores sem nenhuma recompensa para Chuck. Ele estava ensopado, com tênis e meias encharcados e fazendo barulho, mas ele sorriu para mim e me beijou na boca. "Nada vai estragar o que planejei para você, Cinderela."

Aquele homem era incrível. Totalmente diferente do meu pai, perfeito para marido. Não me importava se ele tinha um lápis no lugar do pênis, eu o queria.

Naquela noite, em nossa pequena tenda azul, fizemos amor pela primeira vez. E foi então que descobri que não importa se o homem usa sapatos e luvas de duende, você nunca sabe se vai encontrar um lápis ou uma lata de refrigerante. Bem, não era exatamente uma lata de refrigerante, mas era quase uma lata de... Red Bull, talvez, com uma pequena curva para a esquerda... Enfim, estou me desviando do assunto. Era bom, melhor do que bom. Eu havia me preocupado por nada.

No caminho de volta, quando Angus chegou na margem do rio, ele parou, olhou para nós e simplesmente trotou por cima da tábua. Angus havia aprendido que resistência só torna as coisas mais difíceis, e que era inútil causar sofrimento aos dois por causa de seus medos irracionais. Uma ladainha que, como ficou claro posteriormente, deu uma grande vantagem ao cachorro sobre mim.

Na viagem de volta, no carro, segui com a cabeça apoiada no colo de Chuck, enquanto ele afagava meu rosto. Quando olhei para ele, seus cachos dourados estavam iluminados pela luz do sol entre as árvores. Era como se ele tivesse uma auréola elétrica, um sinal luminoso e ofuscante, caso eu ainda precisasse de um. Seus lábios se distenderam num sorriso doce e, do nada, ele disse:

— Eu amo você, sabia?

Uau. O que eu devia fazer com aquilo? Inspirei profundamente e fechei os olhos. Ele me fazia sentir paz, e nosso relacionamento tinha um sentimento puro, limpo. Senti um impulso urgente vindo da parte evoluída de minha alma: *"Vamos lá, Cindy, você consegue! Cindy, VAMOS!"* eu ponderei. Eu podia superar meu medo paralisante de intimidade e atravessar a ponte metafórica? Quero dizer, talvez isso fosse amor. É claro, eu não sentia nada que reconhecesse como o amor que eu conhecia, não com toda aquela alegria e a ausência de sofrimento. Era uma total novidade não sentir a constante suspeita e aquele desespero delicioso de não saber o que ele sentia por mim. Hmmm. Sim, tudo bem, que diabo. Eu ia tentar. O quão difícil isso poderia ser? Certamente, eu podia tentar amar um homem que *já era uma boa pessoa*.

"Também amo você", finalmente respondi, reconhecendo a possibilidade de o amor existir em muitas formas. Talvez esse sentimento, essa pureza e essa paz, apesar de minha completa ausência de familiaridade com elas, fosse uma dessas formas. Eu estava feliz.

Mas para o meu azar, eu tinha uma condição conhecida como "Baixa tolerância à felicidade", e aquela felicidade fez eu me sentir profundamente desconfortável. De fato, toda aquela adoração me deixava enjoada e era difícil de engolir. Quanto mais ele era gentil comigo, mais eu me incomodava.

Uma semana mais tarde, para meu alívio, meu ex Eddie telefonou. Ele estava cheio de arrependimento e muito contrito. "Meu bem, fui um mentiroso, um trapaceiro, um filho da puta. Mas eu amo você e quero mudar para podermos ficar juntos para sempre." E isso despertou a besta em mim. SIGA O CORO! AHA! Um absoluto canalha, um pervertido mentiroso, e ele me queria de volta! O elusivo Objetivo nº 3 me havia sido entregue numa bandeja de prata. A única coisa que estava entre mim e minha interrompida cruzada de redenção do papai era Chuck.

Corri para a casa de Chuck. Eu precisava cuidar daquilo imediatamente.

— Chuck, Eddie me quer de volta — revelei sem rodeios.

— E daí? — Chuck respondeu.

— E daí que ele quer *mudar*. — Na minha cabeça, esse fato significava que terminar com Chuck era o único curso de ação.

E Chuck, com profunda compaixão, sentou-se e me puxou para sentar ao lado dele, segurando minhas mãos. Ele disse: "Uau, meu amor, vejo que vocês têm questões para resolver. Tenho uma proposta: você pode encontrá-lo e resolver tudo isso, e eu vou estar aqui sempre. Vou esperar você entender esses sentimentos. Só peço, por favor, que não durma com ele."

Chuck me aceitava. Ele me via. Mas eu não pude resistir. "Oh, Deus, Chuck. Você é tão doce. *Você não está entendendo isso tudo.*" E, com isso, larguei Chuck. E quanto àquela parte evoluída da minha alma? Bem, ela não estava exatamente comandando o espetáculo.

Eddie voou ao meu encontro, embora odiasse viajar de avião, e chorou comigo no consultório do meu terapeuta, embora nunca tenha desejado fazer terapia. Fizemos um sexo extasiante e vitorioso, ele fez tudo certo e eu estava pronta para realizar um desfile em minha homenagem.

Mas, após duas semanas de Objetivo nº 3 perfeitamente realizado, Eddie desistiu, disse que tudo era muito difícil, me deixou, e voltou para Gilda e para uma vida de pernas finas. Ele não ia mudar. Não ia ficar. Eu fracassara novamente.

Mas minha depressão durou pouco, porque logo lembrei que o doce e querido Chuck me amava! Eu me levantei, sacudi a poeira e me arrumei para o reencontro que, acreditava, seria terno.

Procurei por ele toda bonitinha e arrependida, e disse: "Chuck, cometi um terrível engano, mas voltei e sou toda sua..."

Ele se animou, abriu os braços, expôs seu coração puro numa oferta incondicional. "Oh, meu amor! Estou tão feliz!

Estava realmente preocupado com a possibilidade de você dormir com ele!"

TUM. Eu despenquei. Seria melhor simplesmente me atirar em seus braços, deixar-me cobrir de beijos e recompensá-lo com um sexo digno de um vitorioso. Mas havia algo nele, algo naquela maldita pureza, que me impedia de mentir, mesmo que fosse só uma omissão. Mas ele entenderia, certo? Estou confusa, estou tentando me entender, resolver minhas pendências... Ele adorava isso em mim.

"Ah, eu dormi com ele", confessei em voz baixa, acrescentando rapidamente: "Mas agora entendo. Você é um bom homem, um homem maravilhoso, e Eddie é um homem horrível, e quero ficar com *você*."

Ele queria me tomar nos braços, eu podia dizer, mas algo nele o impedia de ir em frente. Era autorrespeito. Ele apenas inspirou profundamente, e uma única lágrima rolou por seu rosto angelical. "Eu amo você. Amo de verdade. Eu... simplesmente não posso ficar com uma mulher que não se respeita. Havia algo entre nós que era puro, e agora que você fez sexo com Eddie, está arruinado. Sinto muito, princesa." Com isso, Chuck me acompanhou até a porta.

Apesar de numerosas e desesperadas tentativas de minha parte para tê-lo de volta, tentativas que incluíram o sequestro de Angus e do casaco preferido de Chuck, ele não voltou para mim.

Chuck estava cuidando dele mesmo. É claro, alguém com autorrespeito sabe como fazer essas coisas. Ele entendia que, se eu não era capaz de me honrar, também não poderia honrá-lo ou ao nosso relacionamento. E Chuck tinha razão.

Sempre que tento eliminar uma mania ruim, justamente quando começo a sentir confiança a respeito disso, o universo conspira para me testar. E me tenta exatamente com aquilo que estou procurando evitar. Infelizmente, me agarrei a Eddie e a minha pequena cruzada maluca sem sequer considerar a perda que seria consequência disso: o amor de um homem realmente bom.

Mas eu simplesmente não conseguia desistir. Minha cruzada de redenção do papai era como crack, e àquela altura eu sabia que tinha um problema. Mas se o bom Chuck não entendia e se o bom Chuck não me queria de volta, então, eu ia voltar ao cachimbo.

Romeo

Romeo tinha cheiro de bacon, álcool e óleo de coco. Seu uniforme regular era short camuflado e tênis, sem camisa, e isso quando estava calçado. Ele se vestia dessa maneira porque seu peito musculoso, sem pelos e bronzeado era cuidadosamente preparado para a exibição pública.

A primeira coisa que fiz quando nos conhecemos, antes mesmo de termos trocado uma única palavra, foi colocar um morango maduro e vermelho em sua boca, e ele aceitou e o devorou até não haver nada entre meus dedos e seus lábios além daquelas folhinhas. Oh, foi imediato. A primeira noite que passamos juntos foi cheia de bebida alcoólica, pratos transbordando gordura de porco e uma densa névoa de maconha. Provamos pela primeira vez nossa indulgência preferida, aquele sexo do tipo "essa pode ser a última vez que vejo você". Na manhã seguinte, ele me disse que era "alérgico a monogamia" *e* alcoólatra. PERFEITO! Romeo se tornou a essência do sujeito da cruzada.

Ele me torturava com um finesse de especialista, dormindo abertamente comigo, depois com minha vizinha, depois comigo novamente, depois com a garçonete do bar aonde íamos beber, depois comigo outra vez, depois (e essa era minha preferida) com outra garota chamada Cindy, de forma que, quando voltava para mim e gemia meu nome durante o sexo, eu ainda podia suspeitar que ele estava pensando em outra pessoa.

Ele estava sempre desaparecendo, me deixava esperando, esquecia que havia dito que me amava quando estava bêbado. A parte de trás de sua cabeça era seu melhor traço, e ele me mostrava seu ponto forte repetidamente. **Ele era o homem mais sexy que eu conhecia.** Estar com ele era intoxicante, porque naquele momento ele *me* escolhia, e *daquela* vez ficaria, e eu estava um passo mais perto de matar meu dragão! Foquei nele meu raio laser modificador e tentei imobilizá-lo com o poder das minhas garras mortais "fique comigo para sempre". Mas ele era um oponente valoroso. Não cedia, não mudava, não ficava.

Em um de nossos épicos, um confronto típico no qual eu gritava dolorosa e deliciosamente e ele me evitava, ele por fim falou com clareza.

"Escute, Lu", que era como ele passara a me chamar para me distinguir da outra Cindy, "não posso dar o que você quer! Você é simplesmente mais do que um homem pode enfrentar sozinho".

"Ah, é mesmo? E quantos homens seriam necessários?" devolvi, sarcástica.

Depois de uma longa pausa durante a qual ele realmente pensou na pergunta, olhando para o alto e para os lados como se estivesse calculando, a resposta foi **"Quatro"**.

"Ah, tudo bem." Naquele momento não entendi realmente o que ele estava dizendo. Que minhas necessidades e expectativas eram tão elevadas que nenhum homem, certamente não um homem escolhido tão cuidadosamente por suas falhas arrasadoras, podia supri-las. Tudo que eu entendia era que havia falhado na minha cruzada OUTRA VEZ.

Assim, num surto de determinação autodestrutiva para castigá-lo, fui para a cama com ele. E com o colega de trabalho dele. Depois com ele outra vez, e então com seu parceiro de basquete, ele novamente, nosso amigo em comum e o vizinho. E, para concluir, contei tudo a ele enquanto tomava uma taça de Chianti.

"Pronto!", anunciei orgulhosa. "Agora são quatro."

"Lu, isso magoa muito", ele declarou.

"Sim! Está vendo? É por isso que devemos manter uma relação monogâmica!"

Eu estava eufórica. Ele havia entendido a minha dor e o quanto ela era tola e desnecessária, e então podíamos seguir em frente.

"Mas, Lu, não posso ser monogâmico com você agora. Não depois de você ter dormido com todos os meus amigos."

Ah, pelo amor de Deus! Meu plano sexual de vingança havia sido um completo tiro pela culatra.

Passei rapidamente à abordagem "não sou melhor do que você". Tentei beber mais do que ele, fumar mais do que ele, ser mais relaxada que ele. Se nosso relacionamento não podia fazer dele um homem melhor, então eu adotaria as piores partes dele. Talvez isso nos unisse para sempre, pensei. Eu estava tão determinada em realizar minha cruzada de redenção do papai, que nos destruiria.

Não se pode adotar um coiote como animal de estimação e depois ficar zangado com ele por matar o gato. É simplesmente sua natureza.

Quando olho para trás e vejo toda a destruição em meu passado, percebo que a cruzada me devorava viva. Eu me quebrava em pedaços e os espalhava por todos os lugares.

Era uma prostituta viciada que, em vez de crack, buscava amor. Eu precisava de ajuda.

3. MATEMÁTICA E CIÊNCIA PARA AJUDAR

Como passei de "Viciada em amor" para "Macaca de laboratório"

> "Os problemas não podem ser resolvidos pelo uso do mesmo tipo de pensamento de que nos valemos quando os criamos."
> – Albert E.

Sou chinesa. Somos bons em matemática

Eu era péssima no amor. Já havia passado a hora de admitir essa verdade. Mas eu *amava amar*. Era o que eu mais gostava de fazer. Podia fazer um breve intervalo, mas não era algo de que eu pudesse desistir. Só queria amar de um jeito que fizesse sentido, que não magoasse tantas pessoas, particularmente eu mesma. Queria entender sobre isso.

Eu podia usar alguma coisa que havia aprendido na escola? Havia uma disciplina chamada educação sexual, mas tudo que eu havia aprendido nela era que colocar preservativos em bananas era um desperdício de preservativos e de bananas. Posteriormente me lembrei de que, de álgebra a cálculo, de biologia a anatomia, todos os meus professores diziam: "Você é tão boa nisso! Devia pensar seriamente em seguir uma carreira em matemática e ciência!" Sou asiática e usava óculos fundo de garrafa. Minhas notas eram altas, então, para eles, o comentário equivalia a dizer a um calouro de dois metros de altura que ele devia pensar em concorrer a uma bolsa de estudos jogando no time de basquete. Mas, ah, que diabo, eu era definitivamente melhor em matemática e ciências do que no amor.

Decidi abandonar a maluca emocionada desequilibrada, danificada, e destrutiva, a maluca empenhada na Cruzada do Papai, e coloquei minha "equipe de matemática e ciências" a serviço de minha vida amorosa e da minha vagina.

Em matemática e nas ciências, os sistemas são construídos por teorias. A prova da validade de uma teoria está na coleção de dados e na organização gráfica dos resultados. As obses-

sões, buscas e a maquiagem psicológica da experiência são, na melhor das hipóteses, notas paralelas. Admito que essas podem ser a força propulsora por trás da natureza da experiência, mas elas não modificam os resultados. Sorte de vocês.
Por meio de uma série de testes e dados experimentais, analisando informações previamente acumuladas e usando a mim mesma e minhas amigas como cobaias, desenvolvi uma fórmula sistemática para o amor que pode ser utilizada por Cinderelas disfuncionais de todas as idades. Minha Teoria da Amatilidade.
Chamo esse sistema de O PROJETO QUATRO HOMENS.

Aplicar matemática e ciência ao amor não tira dele todo o romantismo?

Considere isso:

- O ritmo e a melodia das músicas são criados por uma compreensão da matemática.

- A apreciação da arte pode ser explicada por meio de princípios científicos de relação espacial e combinação de cores.

- O desenho reflete a natureza com sua simetria e suas formas geométricas.

- O espaço infinito é quantificado pela física.

Por que o amor deveria ser diferente?

Olhando para o amor pelas lentes da matemática e da ciência, descobri que já existia um sistema. Romance não é algo aleatório, o amor não é caos. Existem métodos comprovados que rendem resultados confiáveis. As professoras nesses campos são nossas mães e avós, nossas colegas de trabalho casadas, divorciadas e viúvas, nossas amigas e nossas confidentes. O conhecimento que elas têm a respeito desse sistema é mais comumente conhecido como *visão retrospectiva*. E aprendendo com elas e com nossas experiências pessoais, podemos aumentar nossa compreensão do amor e atrair mais dele para nossas vidas.

O Projeto Quatro Homens diagrama essa sabedoria em um formato gráfico fácil de usar que concretiza os cálculos. Assim, podemos colocar nossa mente tão capaz no assento do motorista, em vez de continuar permitindo que nosso coração magoado e nossa vagina incapaz de discriminar nos arrastem pelos bosques do amor.

Agora, vamos ao trabalho.

4. AS TEORIAS POR TRÁS DO P4H

Mito *versus* matemática

> "É a teoria que decide o que podemos observar."
> — AL

As teorias por trás do P4H

Como afirmei antes, em matemática e nas ciências os sistemas são construídos a partir de teorias. Primeiro uma teoria é criada, depois é testada e observada para comprovar sua precisão. Achei que seria sensato examinar minhas velhas teorias fracassadas sobre a procura do amor. Embora as teorias refutadas que eu havia acumulado fossem ideias populares, minha observação indicava que elas NÃO conduziam ao resultado desejado, $vc + 1$ (ou, como era eu que realizava a experiência comigo, $eu + 1$) e, portanto, haviam sido comprovadas como *inverídicas* e deviam ser jogadas pela maldita janela. Então, decidi identificar a argumentação contrária e jogá-la na parede para verificar se meu espaguete estava cozinhando.

A seguinte coleção de metáforas e teorias são os tijolos para a construção do Projeto Quatro Homens. Minhas crenças anteriores sobre o amor eram a antítese desses seis métodos comprovados para capturar o elusivo. Esses novos conceitos me deram o mapa para observar e corrigir meus muitos erros repetidos cometidos na busca do amor equilibrado e duradouro. Se você em algum momento perceber que está confusa, patinando no Plano, reveja essas teorias para recuperar a direção.

P4H e animais de estimação

Você tem cachorros? Já assistiu ao programa *The dog whisperer*, apresentado pelo renomado especialista em comportamento canino César Milan no canal National Geographic? Adoro aquele cara. E se você assiste ao programa atentamente, percebe que ele não está simplesmente falando sobre treinar cachorros. Ele fala sobre como vencer na vida. "Calmo e assertivo". Esse é seu mantra. "Seja sempre calmo e assertivo." Ele denuncia nosso desejo de tratar os cachorros como crianças humanas, amigos e cônjuges, e enfatiza que a única coisa que fará de seu cachorro o mais feliz é o fato de você tratá-lo *como um cachorro*. Eles têm sua própria psicologia baseada em instintos de animais de matilha e predadores. Têm regras próprias pelas quais vivem e gatilhos emocionais que são diferentes dos humanos. Mas como levamos os cachorros para viver em nosso mundo humano, a melhor cortesia que podemos oferecer a eles é entendê-los como são e deixá-los conviver conosco sem esperar que se tornem iguais a nós. Em vez disso, para viver em harmonia, temos de integrar suas regras de vida às nossas.*

Cachorros respondem instantaneamente à própria linguagem, não importa quem a esteja falando. São mais reativos a um estranho que fala com eles em língua de cachorro do que a um indivíduo conhecido e amado que conversa com eles na língua dos humanos.

O que isso tem a ver com namorar? Bem, não estou dizendo que os homens são cachorros. Quero dizer apenas que devemos ter certeza de que os tratamos como indivíduos da mesma espécie. E não seria mais fácil aprender a simples e

---

* Há mais um ponto a estabelecer a respeito de amor e animais. Por mais que possamos amar nossos bichinhos de estimação e eles nunca se cansem da nossa companhia, eles não podem substituir um relacionamento humano. Negar essa realidade pode ser uma via perigosa, longa e escura que só vai levar a intermináveis jogos de esconder e meses sem sexo ou contato humano significativo. Admita, as conversas são meio unilaterais, e seu animal pode nunca perdoá-la por tê-lo castrado. Repita comigo: **meu cachorro não é meu namorado** (nem o gato, o passarinho, a iguana etc.).

previsível linguagem do homem do que procurar por um homem que compreenda o complexo e cheio de nuances mulherês?

O P4H é estruturado em torno da psicologia e dos instintos masculinos. Sendo assim, para um homem em busca de amor, encontrar uma Projetista4H é como um americano que, forçado a viver na França, encontra um compatriota.

> 💣 **ERRO**
> **Preciso encontrar um homem que me entenda.**
> **Correção:** está muito mais ao alcance do meu controle aprender a entender o outro e me comunicar em sua língua.

P4H e administração de cassino

Alguns dos negócios mais bem-administrados e de sucesso consistente são os cassinos. Eles são construídos sobre as costas dos perdedores e todo mundo sabe disso; porém, pessoas no mundo todo continuam apostando, e os cassinos continuam tomando seu dinheiro. Como isso é possível? Porque essa é uma indústria construída sobre a arte de misturar *comportamento humano esperado* e a *certeza da matemática*.

O comportamento humano esperado é: *humanos são uma espécie otimista*. E consideramos uma chance de exercer esse otimismo como entretenimento. Sendo assim, mesmo sabendo que Vegas é projetada para perdermos nosso dinheiro jogando, somos dominados pela compreensão de que *algu-*

mas pessoas ganham e gostamos de nos incluir nessa categoria.

A certeza matemática é essa: *as chances são favoráveis ao cassino.* Os cassinos sabem que, para cada aposta feita, eles ganham 16 e perdem 15, mais ou menos, dependendo do jogo. Quanto mais apostas feitas, mais dólares jogados, mais o cassino garante sua porcentagem. Não há sorte envolvida, e a casa sempre ganha. Não de todos os jogadores, mas todos os dias, desde que atraiam gente para jogar. Daí as luzes coloridas, as refeições incluídas no pacote e os shows espetaculares.

Com o Projeto Quatro Homens, você se torna o cassino do namoro e detém o poder que associa *comportamento humano esperado* e *certeza matemática*. Para ser um vencedor garantido, encontre uma maneira de ser a casa que atrai o número necessário de jogadores para assegurar seus ganhos. Jogadores precisam de sorte para vencer; o cassino, não, e é assim que você pode usar a matemática para recriar suas fantasias e transformá-las em realidade.

💣 ERRO

Só tenho uma alma gêmea.

Correção: existem 6,6 bilhões de habitantes no mundo. O número de pessoas que afirma ter encontrado sua alma gêmea sugere que há muitas e muitas criaturas que podem encantar minha alma. Então, para colocar as chances a meu favor, preciso sair por aí e conhecer tanta gente quanto for possível.

P4H e abdominais arrasadores

Depois de anos praticando basicamente ioga, caminhada e visitando a academia eventualmente, achei que era minha sina ter um traseiro reto e braços flácidos, mas, no geral, eu me sentia bem. Porém, quando cheguei aos 30 anos, acrescentei a meu tempero uma pitada de estresse e um gosto repentino por pratos à base de queijo, e minha saúde entrou em declínio. Então, um dia, notei na academia um aviso que anunciava *personal trainners* e dizia: "Se você não tem tempo para a saúde, vai perder tempo com a doença." Eu acreditava conhecer os princípios básicos por trás da manutenção da forma física, mas decidi investigar o que um pouco mais de instrução podia fazer por mim.

Bridgette, minha *personal trainner*, era cruel. Durante os exercícios eu sempre suspeitava de que ela estava tentando me matar e frequentemente perguntava: "Quem a enviou?" entre uma inspiração e outra. Ela enaltecia as virtudes da dor: dizia que exercitar nossos músculos além do ponto da dor e da exaustão é a única maneira de torná-los mais fortes. Destrua-os para construí-los. Só depois de alguns meses de treino e de um regime que me parecia insano, comecei a sentir em meu ombro um músculo que nunca estivera ali antes. Mostrei a ela minha descoberta. "Ah, esse é seu deltoide médio", ela respondeu. Eu nem sabia o que era um deltoide médio, muito menos que eu tinha dois deles esperando para ser desenvolvidos. E eles foram um bônus a um traseiro surpreendentemente arrebitado, um abdome fantástico e braços um pouco menos flácidos (mas ainda flácidos, DROGA DE MALDIÇÃO DA FAMÍLIA YIN!).

Um dia, eu soube que algo em mim havia mudado quando estava andando de bicicleta na praia. Olhei para uma escada que era tão íngreme e longa que não conseguia ver seu topo. Meu corpo respondeu com *alegria* àquela visão. Desci da bicicleta e subi correndo, pulando os degraus de dois em dois ou três em três, e então, quando cheguei ao topo, fiquei ali pulando e gritando "Uh-huh!" Foi incrível. Repeti a façanha. Bizarro, certo?

Embora eu seja, em última análise, uma adepta da ioga, não me arrependo do tempo que passei na academia com Bridgette, aprendendo o que meu corpo podia me oferecer se eu me desse o trabalho de exercitá-lo.

O Projeto Quatro Homens é um projeto de *fitness* do amor. Como um programa de exercícios físicos, você precisa se comprometer com ele por um período de tempo para realmente experimentar os benefícios. Mesmo que ele cause desconforto ou dor. É preciso tempo para ver os resultados, e no dia a dia você pode não notar a diferença. Mas, enquanto continua se exercitando, os resultados estão acontecendo. Nunca fiz nenhum progresso na vida sem experimentar alguma coisa que me tirasse da zona de conforto. E sempre valeu a pena. Amor e saúde não são as duas melhores coisas para se ter e, portanto, as que mais merecem nosso esforço. Você pode descobrir algo que sempre esteve dentro de você, esperando para ser desenvolvido. E quando souber que isso é possível, você não poderá mais desfazer o novo conhecimento.

💣 ERRO

Simplesmente não sou boa com relacionamentos.

Correção: aquilo que mais desejo pode estar no final de um trabalho duro em uma área na qual antes eu era incompetente ou na qual preferia não atuar. Se eu ficar à vontade com a sensação de desconforto, meus sonhos estarão ao alcance de meus dedos.

P4H e esportes

O esporte com o qual o Projeto Quatro Homens mais se assemelha é o golfe. Cada jogador, ou, no caso do P4H, cada Homem-projeto, está no campo simultaneamente, fazendo sua jogada individual. De vez em quando, um olhar para o placar, ou o aplauso de uma multidão distante, os informa que superaram o próprio jogo. Esse é um jogo de cavalheiros, de elegância e autocontrole, não um esporte de contato.

Assim que têm idade suficiente para dar os primeiros passos, muitos meninos aprendem duas coisas: espírito esportivo e como brincar com bolas. Eles aprendem a seguir conjuntos de regras que mudam de um jogo para o outro. Experimentam vitória ou derrota por uma diferença que pode ser medida em polegadas, segundos e pontos. Alguns garotos são ensinados a fazer o melhor que podem, e outros são treinados para vencer. De qualquer forma, a alegria de competir em um jogo estruturado e com limites está enraizada na mente e no coração deles.

Mas muitos garotos não são ensinados a realmente fazer uma garota se sentir especial. Os pais não costumam passar grande parte do tempo ensinando aos filhos que o amor é ativo, não só um sentimento. Todo menino ouve a frase: "Não importa se você ganha ou perde, mas como você joga." Mas não há muito de "Vamos lá, filho, vamos cuidar da roupa suja juntos para mostrar à mamãe o quanto gostamos dela".

Você não pode forçar os homens a entender o complicado e sempre mutante mundo das emoções e necessidades femininas. Então, por que não aprender o seu mundo tão mais simples de estratégia esportiva, com sua pontuação concreta e seus julgamentos diretos, com seus vencedores e perdedores fáceis de distinguir? Assim que estruturar o amor em um formato que eles possam entender, deixe-os fazer o que fazem melhor: aprender estratégias complexas, descobrir suas forças e fraquezas, e criar regras que limitem a competição.

Como uma Projetista4H você não estará jogando. Não vai competir com os homens que está procurando *nem* com outras mulheres. Em vez disso, você assumirá os papéis de líder de torcida, treinadora, árbitro e presidente da liga. Deixe-os jogar e apostar tudo para conquistar o grande prêmio: VOCÊ!

Essa linha de pensamento é o motivo pelo qual O Homem-projeto, em um determinado momento, deve saber que está competindo com outros homens por seu afeto. Não é mais só namoro. É esporte!

💣 ERRO

Um homem perderá o interesse se eu o fizer competir por mim.

Correção: os homens adoram competição. Toda competição é simplesmente uma estrutura dentro da qual as realizações e as habilidades de um indivíduo podem ser medidas. E não há nada que os homens apreciem mais do que ser mensurados.

P4H e meu jeans bonitinho

Tenho pelo menos 12 calças jeans. Você sabe, aquela que combina com botas, a que fica melhor com camisetas curtas, a escura, a clara, a de bolsos diferentes, bolsos simples, de todos os tamanhos para todos os momentos do mês. Mas só há uma que uso todas as semanas, deixando-a de lado apenas quando vai para a lavanderia, e ainda assim ela já foi resgatada de lá e usada numa emergência. Essa é minha calça jeans confortável *e* bonita, para me vestir bem, de maneira despojada, a que faz meu traseiro parecer melhor. Você tem essa calça especial? Sabia que ela seria "Aquela" quando a comprou? Eu não. A minha é da Lucky, uma marca que nunca havia usado antes e que comprei na Loehmann's porque era a mais barata, só porque queria me livrar de uma saia justa e linda, mas ridiculamente desconfortável que estava vestindo. Aquela calça jeans não era nem do tipo stretch, minha escolha habitual.

Não consigo nem imaginar como ela foi parar na Loehmann's, mas deve ter sido porque alguém a devolveu, pois estava fora de moda, ou havia nela algum defeito que nunca encontrei. Apesar de tudo isso, ela é minha calça preferida. A que mais gosto entre todas as calças jeans cuidadosamente escolhidas, algumas muito caras e de lojas famosas. Eu usaria minha calça Lucky todos os dias, se pudesse. Quero envelhecer usando aquela calça, mesmo quando ela estiver horrivelmente fora de moda. Quero me casar com ela.

O que quero dizer é: todo mundo precisa de jeans. Algumas de nós têm a sorte de encontrar a calça perfeita. Encontrei a minha na seção de devoluções de uma loja de ponta de estoque.

O Plano serve para mostrar que o homem menos promissor, encontrado no ambiente mais improvável, destituído de seus requisitos mais importantes, pode ser aquele que você sempre quis e não sabia. O importante é se manter atenta, porque eles não vão pular em cima de você por conta própria.

> 💣 **ERRO**
>
> **Conheço meu tipo.**
>
> **Correção:** às vezes o que você está procurando é diferente de tudo o que já viu e está escondido em um lugar no qual você talvez nunca tenha pensado em procurar.

P4H e dinheiro

Quando se trata de investimento em longo prazo, atitudes individuais são para os pássaros. Digamos que você pôs todo seu dinheiro em uma ação — por exemplo, da NETFLIX. Se você acompanhar o movimento dessa ação várias vezes ao dia, todos os dias, concentrando toda a sua atenção nisso, esperando fazer desse investimento o responsável por sua segurança no futuro, acredite em mim, você vai se sentir péssima. Uma única ação sobe e desce o tempo todo, e você ficará enjoada com a constante movimentação. Mas é assim que funciona o mercado de ações. Um interesse excessivamente focado não vai mudar seu progresso; só vai fazer você perder tempo e ter pequenas crises de ansiedade.

Haverá dias em que você não terá nenhuma confiança em tudo isso e pensará em desistir. Dias de falsa esperança, quando você vai pensar que aquela ação suprirá todas as suas necessidades. É pressão demais para uma pequena companhia que só está tentando existir no mundo. Se você telefonar para alguém na NETFLIX e contar que pôs todo o seu dinheiro neles e está contando com seu sucesso para tornar sua vida melhor, até eles dirão... **"Diversifique seu portfólio"**.

O Projeto Quatro Homens permite que você diversifique seu portfólio e eleve sua "tolerância ao risco" com cada Homem-projeto.

Não reduza suas expectativas, mas divida-as e aumente seu potencial geral para alcançar seus objetivos. Cada homem que você adiciona ao Plano ajuda você a distribuir a pressão para cada indivíduo ter um desempenho satisfatório. Se você tem quatro possibilidades de encontro para o Dia dos Namorados, ou seis possíveis caronas para o aeroporto, suas necessidades provavelmente serão supridas. A parte divertida está na surpresa, em descobrir quem as suprirá.

No futuro, um Homem-projeto pode acabar se tornando uma ação valorizada que vai pagar sua aposentadoria, mas, por enquanto, desfrute a paz de espírito proveniente de um portfólio equilibrado.

ERRO

Gosto de me concentrar em um homem de cada vez.

Correção: uma panela vigiada nunca ferve. Tudo bem, ferve, mas ela detesta ser vigiada.

5. OS POSTULADOS DO P4H

Postulado: s. 1. algo que é presumido ou aceito como verdade e utilizado como base de um argumento ou teoria 2. pré-condição ou requisito essencial

A aceitação desses postulados é requisito para o sucesso do P4H

> "As coisas devem ser feitas tão simples quanto for possível, mas não mais simples."
> – Einstein

Os postulados do P4H

Isso é o que eu mais aprecio nos postulados: por definição eles não têm de ser autoevidentes nem mesmo comprováveis. Em matemática e nas ciências, uma cadeia de lógica precisa começar em algum lugar para não ser infinita e circular (como alguns dos nossos dramas de relacionamento). Portanto, qualquer sistema lógico ou matemático é definido por um conjunto de postulados. Você está começando a ter a sensação de que falo muito sério sobre essa coisa toda de usar matemática para encontrar o amor? Ótimo, porque é realmente sério!

Os cinco postulados a seguir são o ponto de partida para o sistema, que é O P4H; e para que o sistema funcione, os postulados devem ser adotados como verdadeiros por cada Projetista4H individualmente. Você pode não concordar cem por cento com eles ou não se sentir pessoalmente conectada a eles. Pode até se zangar com eles. Mas isso, de fato, não importa. Como nas aulas de geometria do nono ano, seu dever como Projetista4H é decorar esses postulados e repeti-los para si mesma quando a realização do Plano se tornar difícil e despertar em você a vontade de enfiar um transferidor no próprio olho.

A distribuição de amor

> **Postulado nº 1:** assuma que você faz parte da maioria.

Algumas pessoas ganham na loteria, outras são descobertas em um bar e há aquelas que experimentam o amor à primeira vista que resulta em casamentos duradouros e felizes. Se você está lendo este livro, provavelmente esse não deve ser o seu caso.

Pesquisas indicam (isso quer dizer que andei entrevistando umas vinte amigas) que o amor à primeira vista acontece com cerca de cinquenta por cento das pessoas.

Desses cinquenta por cento, o sentimento é mútuo e resulta em um relacionamento feliz em... ah, vamos lá, sejamos generosas e digamos que em dez por cento dos casos. Dez por cento de cinquenta por cento representam cinco por cento do total (ou *uma* amiga muito sortuda).

Outros cinco por cento de todas as pessoas são realmente destinados a ficarem sozinhas. Você sabe quem elas são e, espero, elas também sabem quem são (uma vizinha rabugenta e deprimida).

Portanto, para noventa por cento da população, sua melhor chance de amar está em OUTRA ocorrência além de amor à primeira vista. Sei que é muito triste ouvir isso, e não estou afirmando que você não é essa garota de sorte entre outras vinte. Mas, só para o caso de não ser, há muitas outras maneiras de encontrar seu homem. Então, em vez de ficar sentada esperando que o amor à primeira vista aconteça como uma paulada na sua cabeça, deixe-se animar ao conhecer alguém de quem não gosta imediatamente. Esse cara tem potencial, matematicamente falando!

Distribuição do gráfico torta de amor

Postulado nº 1

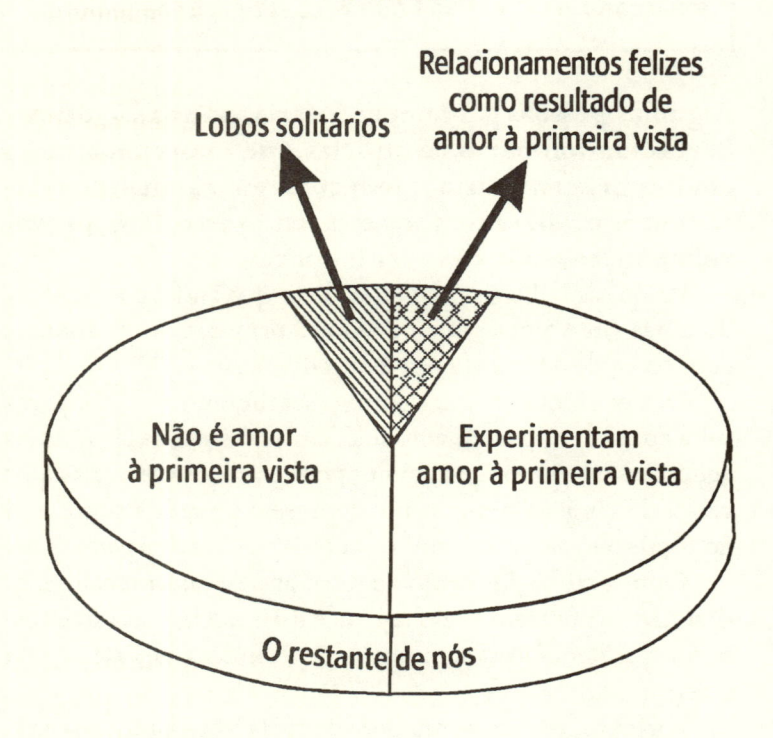

Lobos solitários

Relacionamentos felizes como resultado de amor à primeira vista

Não é amor à primeira vista

Experimentam amor à primeira vista

O restante de nós

O Teorema Disney

> **Postulado nº 2:** quando se trata de competir por amor há uma grande diferença entre meninos e meninas.

A. Quando homens competem por uma mulher isso traz à tona o que há de melhor neles: seu cavalheirismo inato, seu espírito esportivo, seu romantismo hibernado. E como um bônus, eles se transformam em cavalheiros, quer conquistem a mulher ou não.

Exemplo: *Branca de Neve e os Sete Anões*

Todos aqueles homenzinhos a amavam, se desvelavam por ela e se mantiveram seus amigos mesmo depois de ela ter ido embora com o bonitão alto.

Exemplo: *The Bachelorette*[*]

De repente os rapazes estão escrevendo poemas de amor, e se não são o escolhido, eles se tornam padrinhos do casamento.

B. Quando mulheres competem por um homem, vamos encarar, meninas, isso traz à tona o pior em nós: atacamos umas às outras, negamos nossa verdadeira natureza e geralmente nos sentimos péssimas por isso. Quando você se dá conta, as pessoas estão sendo agredidas e e-mails particulares estão sendo lidos, e nos transformamos em harpias assustadas e desconfiadas. Não importa se conquistamos ou não o homem em questão.

---

[*] *The Bachelorette* é um programa de tevê produzido pela rede norte-americana ABC no qual 25 homens tentam conquistar uma mulher. (N. do E)

Exemplo: **Cinderela**

Aquelas irmãs eram simplesmente cruéis, trancando a pobre Cinderela no porão e tentando enfiar os pés enormes em seu delicado sapatinho. Como resultado, é pouco provável que elas sejam convidadas para visitar o castelo nas férias.

Exemplo: **The Bachelor***

Garotas competem invadindo o quarto do solteirão seminuas para bisbilhotar as coisas dele e falar mal das outras concorrentes.

Note que todos esses exemplos são produzidos pela Disney. Coincidência? Ou devemos atribuir toda a culpa à influência cultural dos desenhos animados e seus personagens, e a dos reality shows? Aliás, não há nenhum valentão corporativo para apontar o dedo para isso.

É um fato da natureza que o mais belo gênero dentro de uma dada espécie é aquele a ser disputado. No caso dos pavões, são os machos. No caso dos humanos, a beleza certamente está do lado das fêmeas. Todas nós adquirimos essa certeza em nossa primeira visita a uma praia de nudismo. Seios são órbitas cintilantes de doçura, e sacos escrotais são como, bem, bolas quentes e pegajosas. É desnecessário dizer que somos as belas! Portanto, é uma resposta instintiva natural para os homens competirem pelas mulheres, mas não o contrário.

Porém, recentemente competindo entre nós, mulheres, pelo mesmo homem, continuamos removendo a pressão que devia estar sobre eles. Planejamos os encontros, vamos buscá-los em nosso carro na casa da mãe deles, encurtamos nossas saias e reduzimos o tamanho da blusa para que eles não precisem ter o trabalho de imaginar como é nosso corpo nu. Pagamos a conta no encontro e depois transamos com ele, só

---

* *The Bachelor* é um programa da rede de tevê norte-americana ABC no qual um grupo de 25 mulheres tentam conquistar um solteirão. (N. da E)

para provar que somos melhor negócio do que a concorrente. Os homens precisam fazer cada vez menos, enquanto as mulheres tentam superar umas às outras. É como se todas nós estivéssemos nos transformando naquele sujeito maluco da propaganda de colchões: "Eu cubro qualquer oferta, ou seu próximo boquete será GRÁÁÁÁÁÁTIS!"

Vamos parar com a loucura. É completamente contrário à natureza, e as mulheres, como um gênero, estão sofrendo por isso. Sendo assim, sem querer bancar a Norma Rae, eu digo que DEVEMOS NOS UNIR!

Portanto, o P4H é *unidirecional*. Só funciona quando a Projetista4H é uma mulher ou um homem gay. Seja quem for o interessado, os alvos devem ser homens. (Você não precisa ser chinesa, o desenho é só uma espécie de retratinho meu.) Você não pode ser uma Projetista4H se for um homem heterossexual ou lésbica. Para isso seria necessário um sistema inteiramente diferente.

O Teorema Disney

Postulado nº 2

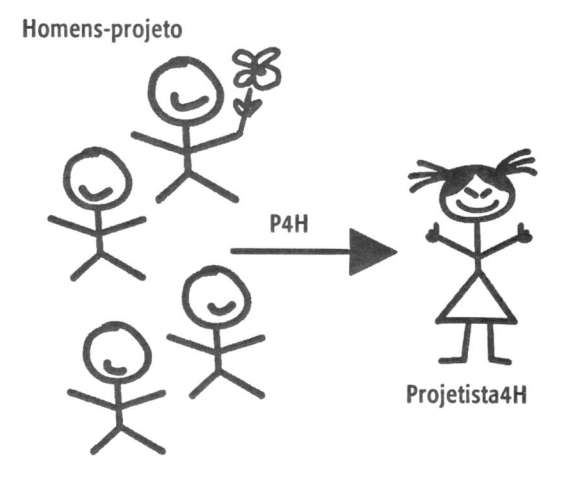

Homens-projeto

P4H

Projetista4H

O Índice de Espera por Sexo

> **Postulado nº 3:** Durante toda a duração do relacionamento, os homens serão gentis com você apenas o quanto for necessário para levá-la para a cama pela primeira vez.

Não vamos esquecer nossa teoria sobre o P4H e os esportes. De maneira consciente ou inconsciente, sexo é a linha do gol para os homens. Se você não sabe como oferecer alguma resistência profissional, então, não tem graça jogar com você. Um homem dorme com todo mundo, mas vai se apaixonar pela mulher que o fizer sentir que está jogando na Liga Profissional de Futebol.

Pense em um homem como um leão. Sexo faz parte de seu impulso inato, e é biologicamente imperativo perseguir o sexo para garantir a sobrevivência da espécie. É a versão humana da caçada. É o que o instinto dos homens os impele a fazer para permanecerem vivos. Sim, eles parecem gostar quando você facilita, e pegam o que lhes é dado com um entusiasmo que acabamos sempre confundindo com sentimentos verdadeiros. Mas, agindo assim, você está transformando aquele que devia ser o rei da selva em um animal de zoológico. O leão do zoológico caminha sem pressa até sua vasilha de comida e se serve daquilo que está disponível, mas sua vida é antinatural e, em última análise, insatisfatória. Ele pode estar gordo e saciado, mas o leão do zoológico sempre sentirá falta da caçada.

No safári dos relacionamentos, se você é presa fácil, não é gratificante como uma gazela ferida ou um bisão valente

— você é só uma porção de carne. Não é uma imagem bonita, mas o que estou tentando dizer, realmente, é: **mantenha os malditos joelhos juntos, irmã!**

> **Saiba disso: um homem quase sempre pega tudo que uma mulher oferece.** Ele é fisicamente programado para agir assim, porque, biologicamente, não pode usar o cérebro e ficar de pau duro ao mesmo tempo. Então, quando uma mulher é fácil demais, ou mesmo simplesmente cai diante de seus persistentes avanços, o que acontece é o seguinte: ele aproveita o sexo que lhe é oferecido, vai embora, e depois, quando a vontade perde a intensidade, ele a enquadra em uma categoria baseada no que você *deu a ele*. **É isso mesmo, ele julga você. Mesmo que ele tenha começado tudo. MESMO QUE TENHA IMPLORADO! SIM.** Na cabeça dele, você foi uma vítima fácil, tornou-se uma daquelas garotas, e ele sempre a verá desse jeito. Totalmente errado, certo?

E se ele insistir? Azar dele. Seja qual for sua expectativa, por mais que ele acredite que você o encorajou, não importa. Mesmo que você o tenha convidado para a sua casa, tenha colocado o pinto fora e cantado nele como se fosse um microfone. Não recomendo que você deixe as coisas irem tão longe assim, mas, mesmo que forem, ainda é sua opção deter a sequência de eventos. Pelo amor de Deus, por favor, não faça sexo com um homem por obrigação. Isso não é algo que você troca por um coquetel de camarão e um ingresso para o teatro. Isso é simplesmente horrível.

O gráfico do Índice de Espera por Sexo

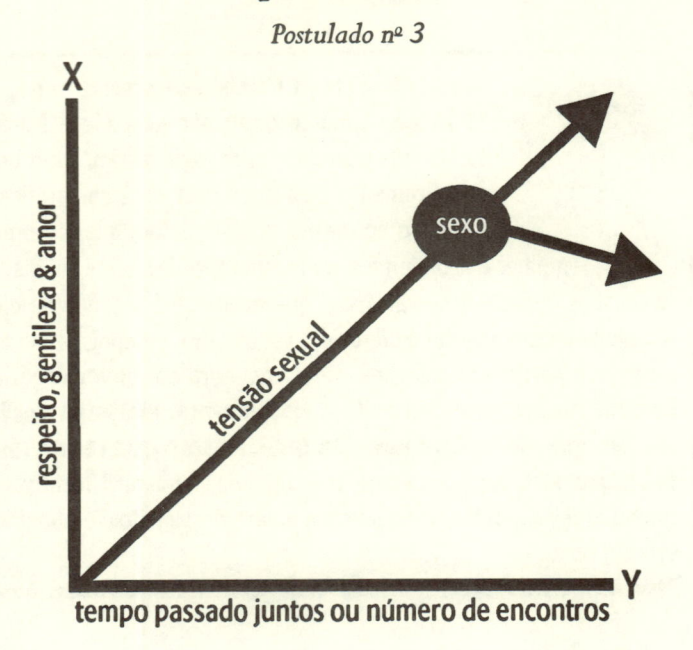

Postulado nº 3

Eixo X: respeito, gentileza & amor
Eixo Y: tempo passado juntos ou número de encontros
Diagonal: tensão sexual → sexo

O **eixo X** representa o nível de **respeito e atenção** que você recebe de um homem. Isso inclui abrir portas, matar insetos, ouvir o que você diz. O **eixo Y** representa a quantidade de **tempo passado juntos ou o número de encontros** ocorridos. O "clímax" acontece no momento em que vocês fazem sexo e é o ponto de redução da possibilidade de retornos.

Quanto mais tempo você passa com um homem sem fazer sexo, mais vai intrigar esse homem, maior será o potencial que ele vai ver em você e mais ele vai fazer para chegar à zona final. Se ele perde o interesse ANTES de você fazer sexo com ele, vai ser melhor do que se ele a chutar DEPOIS de ter feito sexo com ele. Porque, nesse caso, ele só estava interessado em sexo, e, ao deixar de dormir com ele, você o afastou de maneira bem-sucedida, sem alimentar suas esperanças e sem pôr em risco seus sentimentos.

O que EXATAMENTE você está esperando? O objetivo aqui não é ser uma provocadora ou fazer jogos. A questão aqui é autopreservação e progresso em sua vida amorosa. Você procura por algo específico.

Busca um padrão de comportamento que indica um nível de bondade, gentileza e integridade expresso por um homem que satisfaz os requisitos que você estipularia como necessários em um marido, parceiro, ou namorado, seja qual for o papel que você está tentando preencher. Haverá um sino tocando em sua cabeça e anunciando: "Esse é o tipo de homem com quem quero me casar!" Essas ações não precisam ser necessariamente dirigidas a você. Podem ser coisas que você descobre sobre o caráter dele à medida em que o conhece melhor. Chuck fez meu sino tocar quando carregou aquele cachorro imenso para atravessar o rio. Todos os seus outros defeitos (por assim dizer) tornaram-se secundários ao fato de que ele era um homem fabuloso que qualquer mulher poderia se considerar felizarda por ter. E quando você se sentir dessa maneira com um homem e tiver uma atração sexual por ele, **solte os cachorros**!

E se você estiver louca por sexo?

E se você simplesmente quiser ir para a cama com aquele caubói que conheceu no bar, aquele que está na cidade para o rodeio, isso é errado? Ei, não sou sua avó! Quero que você possa mandar ver! Sendo assim, é claro que existe lugar no Plano para isso — continue lendo, chegaremos lá.

A Regra de Chuck

> **Postulado nº 4:** um bom homem terminará o namoro se descobrir que você está galinhando por aí.

Quando estiver desenvolvendo o P4H você deve considerar a possibilidade de que cada homem incluído no Plano pode ser "aquele". (Ou, como você aprenderá mais tarde, seu Homem 3½.)

Dito isso, o futuro de cada relacionamento em potencial deve ser protegido. Estraguei toda possibilidade de ser feliz com Chuck (lembra-se do doce e angelical Chuck da página 34), não por ter ido encontrar Eddie, nem mesmo por ter feito terapia com ele. Meu futuro com Chuck foi arruinado no momento em que fiz sexo com Eddie. A pureza do nosso relacionamento se perdeu.

E quando se trata da coisa verdadeira, os homens dão grande importância à pureza, mesmo que não admitam. Se eles vão levar o relacionamento a sério, não precisam ser o *primeiro* homem com quem você esteve, mas, definitivamente, eles querem ser o *último* com quem você fará sexo. Sem ninguém mais no caminho. Caso contrário, você passa a ter piolho de pênis, o que, para eles, é incurável e faz de você material sexual, mas não material conjugal.

> Como um Chuck treparia se um bom Chuck tivesse pênis pequeno? Ele treparia como um bom Chuck poderia se uma menina má tivesse sido boa.

Chuck se respeitava o suficiente para reconhecer que eu era um problema e estava infectada com os piolhos de Eddie. Ele me largou como se eu fosse uma batata quente.

Esse postulado nos ajuda a impedir que os bons se excluam do Plano por acreditarem que você é a Maria Vadia da Promiscuidade.

Você é péssima no amor

> **Postulado nº 5:** tudo que você já tentou para encontrar saúde e equilíbrio no campo do amor não funcionou.

Este postulado é algo que você deve dominar. Não significa que você sempre foi horrível ou que não tem amor em outras áreas da vida, ou que não seja uma pessoa amorosa no geral. Significa apenas que alguma coisa em você não está funcionando direito, ou quando você escolhe os homens, ou quando tenta se aproximar mais deles, ou apenas quando tenta chegar lá.

Para realizar O Plano, não é realmente importante por que você é péssima. Mas, na minha observação, a causa é:

A. Seus pais.

Se foram negligentes ou sufocantes, se você testemunhou o casamento ou o divórcio, se tiveram ou não a intenção de prejudicar você, boa parte das nossas deficiências no campo do amor podem ser, provavelmente, rastreadas até o bom e velho conjunto Mamãe e Papai. As crianças podem ser difíceis de agradar e têm uma capacidade de sempre ver o pior lado de uma situação, culpando-se, e depois transformam tudo isso numa locomotiva emocional que arrastarão por décadas. Francamente, é difícil NÃO ficar confusa na infância. Vamos relembrar meu momento arrasador com meu pai no enterro de minha avó. Quando me aproximei, pedi para ir com ele, e ele me ignorou e foi embora. Só recentemente descobri, graças a uma conversa franca com meu pai, que ele havia perdido boa parte da audição quando tinha 19 anos de idade. Ele não ignorou minha súplica desesperada à beira da sepultura de minha avó — ele NÃO ME OUVIU. Mesmo assim, aquele foi um momento seminal para mim. Ali foi plantada a semente da neurose, e suas raízes eram tão profundas que ela germinou, frutificando em uma vagabunda sem limites em sua busca por atenção. Ops...

B. Arnie, o incendiário

Arnie é aquele cara que realmente deu um nó em você. Ele se apoderou de sua autoestima quando ela ainda era um botão, de sua bondade ainda desabrochando, e arrancou suas raízes do chão. Mesmo que você tenha tido os pais mais perfeitos do mundo, eles não teriam conseguido protegê-la do homem que a fez murchar e pôr fogo em sua carcaça. Depois disso, ou você jurou que nunca mais entregaria seu coração a outro homem, OU culpou-se por não ter sido boa o bastante para conquistá-lo. Adivinhe quem perde?

Então, independentemente do que você pensa que seus pais fizeram ou não fizeram, ou do que aquele homem fez com você, em algum ponto, a maneira mais simples de superar tudo isso é se tornar completamente responsável pela sua própria vida. Não repita seus erros, mas também não permita que eles a impeçam de seguir em frente.

> **Eu não sou péssima no amor!**
> Se você está com problemas nesse aspecto, procure suas cinco confidentes mais próximas e faça a elas essa pergunta simples cuja resposta deve ser apenas sim ou não: "Eu sou péssima no amor?" Registre as respostas e adote a maioria como regra. Se uma delas lhe deu este livro, conte o gesto como dois pontos. Vou ficar aqui esperando...
> E então, já contou as respostas? Você é péssima? Ótimo!

Então, escute isso: seus motivos para ser tão ruim não são tão importantes quanto seguir em frente. Quando você sabe que é péssima em alguma coisa na qual quer ser ótima, o melhor a fazer é questionar seus antigos métodos e pedir ajuda. Talvez você possa até seguir um sistema que já teve seu sucesso comprovado por outras mulheres que também eram péssimas no amor.

Então, por que não experimentar o Projeto Quatro Homens? Afinal, você só pode crescer sozinha ou no consultório de um terapeuta até certo ponto, depois precisará do benefício e do risco de interagir com homens de verdade.

Cada Homem-projeto será uma oportunidade para o autoconhecimento. Algo neles ou naquilo que fazem vai acionar seus botões, e é aí que você terá suas oportunidades de crescer. E, falando de maneira geral, qualquer homem que a ajude a se entender merecerá um lugar no seu coração.

Postulado nº 5

VOCÊ É PÉSSIMA NO AMOR

6. COLETA DE DADOS

Vistam seus jalecos de laboratório, mulheres, é hora de pôr a mão na massa.

> "Nossa tarefa deve ser libertar-nos alargando nosso círculo de compaixão para envolver nele todas as criaturas e toda a natureza e sua beleza."
> – A.E.

Coleta de dados

Todos sabem que nós, como seres humanos, usamos menos de dez por cento da capacidade de nosso cérebro, mas também é provável que estejamos utilizando menos do que uma porção efetiva do nosso coração, pode ser isso o que mantém sua vida amorosa em estagnação. Os exercícios seguintes vão prepará-la para o Plano. Eles foram projetados para alongar os músculos do coração, esculpir seu estado mental e colocar sua vagina em forma.

Exercício 1:
Inclusão de causas para rompimento

Faça uma lista das causas que podem fazer você terminar um relacionamento ou perder o interesse por um homem. *Exemplos:* homens com menos de 1,80m de altura, mímicos, vegetarianos etc.

1.
2.
3.
4.
5.
6.
7.
8.
9.
10.

Vá fundo. Sei que existem mais coisas que incomodam você!

11.
12.
13.
14.

Agora que está claro para você que as qualidades relacionadas eram consideradas inadmissíveis no passado, aceite o fato de que o homem que você vai amar com toda a força do coração terá *pelo menos uma ou mais* dessas características. Na verdade, a natureza tem um incrível senso de humor nesse sentido.

> *Enquanto estiver realizando O Plano, não é* **permitido** *rejeitar homens com base em nenhuma das causas relacionadas anteriormente como motivos para rompimento, a menos que elas também estejam relacionadas na escada para o término da página 143. Portanto, coma um pouco de tofu para ter força e tire a poeira das estantes — o homem de seus sonhos pode estar guardado em uma caixa invisível.*

Exercício 2:
Lista de expectativas

Em seguida, faça uma lista das qualidades que você considera desejáveis e necessárias em um homem, e não tenha medo de ser um pouco superficial e específica. *Exemplos:* bonito, bem-sucedido, sexy, charmoso, habilidoso em certos reparos, dirigir um bom carro, preparar uma excelente margarita etc.

1.
2.
3.
4.
5.
6.
7
8.
9.
10.
11.
12.
13. SINCERO
14. AMOROSO
15. DISPONÍVEL

Redução de expectativas

Tudo bem, então, embora você tenha acabado de relacionar uma dúzia de suas expectativas ou mais, e apesar dessa lista sempre vir acompanhada pelo comentário *"Será que isso é pedir demais?"*, enquanto estiver realizando O Plano, você vai focar os últimos três tópicos. Realce-os, circule-os, decore-os.

Sincero, amoroso e disponível são as três qualidades que superam todas as outras quando você está procurando seus Homens-projeto. Aprenda como determinar rapidamente se um Homem-projeto tem essas qualidades, o que vai adiantá-la muito no jogo.

Para aquelas que desconhecem essas características, aqui vai uma rápida descrição de como elas são:

SINCERO = DADOS CONFIÁVEIS

Ele está onde diz que está.
Ele é quem afirma ser.
Ele compartilha a verdade.

Mais que qualquer coisa, os dados confiáveis nos mantêm saudáveis e nos trilhos. Alguém que é verdadeiro com você nem sempre vai agradá-la, mas essas pessoas a respeitam e têm respeito pela ligação que vocês estão cultivando. A sinceridade confere dignidade ao relacionamento, mesmo nos momentos mais difíceis ou quando as coisas não estão dando certo. Se você é do tipo naturalmente desconfiada, como eu era, comece sempre confiando na sinceridade de um Homem-projeto. Se ele não é do tipo sincero, sua confiança vai confundi-lo e ele vai acabar tropeçando, ou se modificando sozinho. Confiança inspira sinceridade.

AMOROSO = EXPERIÊNCIAS POSITIVAS

Ele segura sua mão.
Ele a escuta.
Ele a apoia em suas peculiaridades.

Quando você está procurando pelo amoroso, são as pequenas coisas que ganham importância. Gestos avassaladores de romance são ótimos, mas o homem que vai passear com seu cachorro quando você fica presa no trabalho, ou sugere que você peça *as duas* sobremesas, ou deixa você desabafar sobre seu dia terrível, este é o verdadeiro homem amoroso.

DISPONÍVEL = ENERGIA POTENCIAL

Ele se dispõe a experimentar uma aula de ioga com você.
Ele aceita não dormir com você imediatamente.
Ele se dispõe a avaliar a si próprio e a seu ambiente.

Disponibilidade pode eliminar quase todas as falhas ou condições para rompimento. Pessoas disponíveis são curiosas sobre o mundo e interessadas no próprio crescimento. E quando essa curiosidade inclui atenção e interesse em um relacionamento amoroso, isso é o melhor que você pode conseguir. Disponibilidade significa que ele é seu clássico "Homem com quem ir". Desde que seus pedidos sejam razoáveis, ele irá procurar estampas de tecidos com você, ele vai acompanhá-la à festa de aniversário da sua sobrinha, ele enfrentará aquele mecânico grosseiro com você, e tudo isso porque ele quer. Maravilhoso.

Sua melhor chance de atrair homens com essas qualidades é ter consciência de que você mesma as possui. Para um relacionamento duradouro e satisfatório, essas três qualidades são essenciais. Se ele tem ou não uma poupança, ou se fica lindo usando calça de couro, bem, isso vai ter de esperar, e deve ser considerado um crédito extra.

Exercício 3:
Uma discussão com sua gininha

Pense nisto com cuidado:
 Você e sua vagina são duas entidades separadas com opiniões distintas a respeito de com quem você quer fazer sexo e com quem quer manter relacionamentos.
 Como assim?
 Você alguma vez se viu tendo um relacionamento tortuoso com um homem que a estava deixando maluca, mas com quem você continuava porque o sexo era MUITO BOM? *Resposta: Quem é Romeu?* Adivinhe quem estava me mantendo naquele pesadelo? Minha vagina. Ela o AMAVA. Queria se CASAR com ele. E durante anos permiti que ela implantasse o caos na minha vida amorosa.
 Se o principal motivo pelo qual você é péssima no amor é simplesmente não saber escolher, talvez você queira pensar sobre quem está dando as ordens. É hora de ter uma conversa com a sua gininha. Explique a ela com delicadeza que, de agora em diante, você irá presidir o comitê e negocie um entendimento pacífico. Como com qualquer boa companhia, as opiniões dela são importantes, mas não vamos esquecer que ela pode ser uma hedonista buscando prazer indiscriminado e uma verdadeira bruxa quando está ressentida. Você deve avaliar suas respostas e dar a elas a devida e cuidadosa consideração. No final, ela deve aprovar sua escolha. Porém, em última análise, ela não deve ser a "presidente da cama".

Quieta, Dona Gininha!

Ei, não estou dizendo para não dar amor a ela. Coloque-a no pedestal em que ela merece estar. Proteja-a e trate-a como o botão de rosa precioso e delicado que ela é e, quando chegar a hora e vocês duas estiverem de acordo... oh, oh, ooooooOOOOH! Que maravilhosa diversão vocês duas poderão ter juntas.

7. O GRÁFICO MANTRIS

Seu cartão de dança do século XXI.

> "Nem tudo que conta pode ser contado, e nem tudo que é contado conta."
> — AL

O Gráfico Mantris

> A missão de uma *Projetista4H* é preencher seu *Gráfico Mantris* com diversos valores de *Homens-projeto* **sem revisão**.

O Gráfico Mantris e os valores variáveis de Homens-projeto são a peça central, o coração pulsante do P4H. O Gráfico Mantris permite que você acompanhe seus Homens-projeto e visualize seus progressos. Considere-o sua tela em branco. É certo e garantido que seu Gráfico será uma obra de arte original e, com o tempo, valiosa.

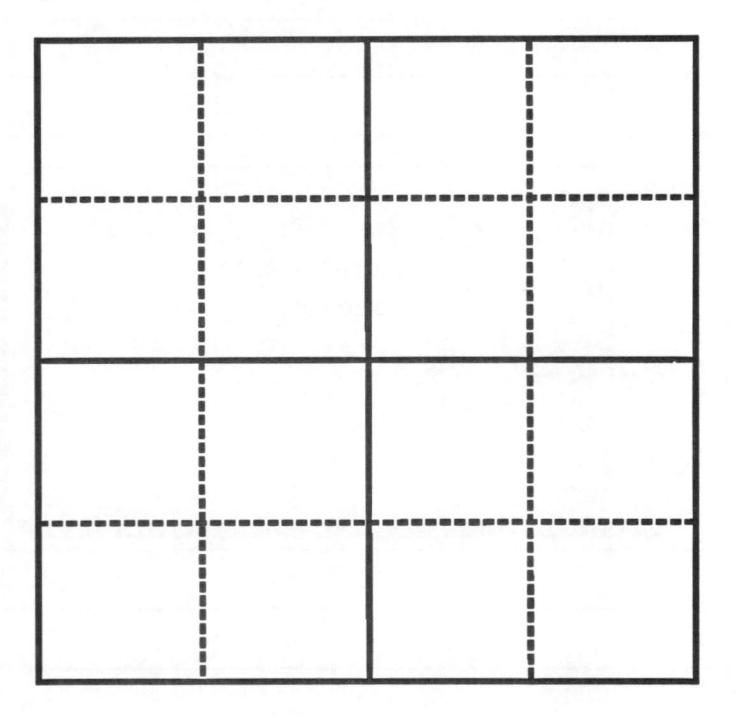

8. OS HOMENS-PROJETO

Os Homens-projeto não são criados igualmente. Cada Homem-projeto se qualifica por um de quatro valores básicos, com um total máximo de quatro Homens Inteiros.

Aí vêm os rapazes!

> "Que cada homem seja respeitado como um indivíduo e nenhum homem seja idolatrado."
> – SR. E.

O Homem Um Quarto

Qualquer homem que mostre interesse por você, ou com quem você possa gostar de estar, qualquer homem com quem você possa trocar telefones ou e-mails, começa como um **Homem Um Quarto**.

> REQUISITOS: Você sabe o nome dele, sabe que é solteiro, e existe um canal de contato entre vocês.

Esses são os homens que você sabe que têm um interesse por você, mas pensa: "de jeito nenhum", ou "sim, mas..."

Esses são os homens para quem você tem olhado, mas com quem não acredita ter chances.

Esses são os homens que não são seu tipo, para quem você não acredita ter tempo, que são muito baixinhos, muito pobres, muito doces, muito peludos, muito quietos, muito dentuços, O QUE FOR. Se você tem espaço para eles, então, eles vão para o gráfico.

Você não precisa gostar deles.

Eles não precisam ter potencial.

Você não precisa nem mesmo escolher, a menos que seu Gráfico Mantris esteja cheio.

> **Por que eu desejaria interagir com homens de quem necessariamente nem gosto?**
> Porque, querida Projetista4H, vamos dizer que é no pôquer que você mostra o que tem de pior, não no amor. Se você quer aprender a jogar pôquer, vai ser muito mais feliz se aprender a jogar com moedas de 25 centavos, não com fichas de cem dólares. Você pode se dar ao luxo de perder algumas moedas se fizer tudo errado, se assumir alguns riscos, ou se experimentar novas técnicas no seu caminho para se tornar um tubarão das cartas. Jogar com moedas torna o jogo relativamente menos penoso, mas ainda divertido.

Então, saia por aí colecionando casualmente Homens Um Quarto como coleciona moedas. Quando perceber que um deles está sozinho, pegue-o. Aceite-os quando forem oferecidos a você. Quando perder um deles na máquina de refrigerante, chute-a para ver se ela devolve outra moeda. Mantenha alguns no bolso. Eles não são grande coisa. Podem parecer destituídos de grande valor, mas nunca se sabe quando um Um Quarto vai lavar sua roupa, pagar trinta minutos a mais no estacionamento, ou raspar a cobertura prateada de um bilhete de loteria premiado. A qualquer momento, em qualquer dia, os Um Quarto podem salvar sua vida com atos corriqueiros. Ame seus Um Quarto.

Um estranho/conhecido casual/amigo de um amigo/namorado virtual, em perspectiva etc., torna-se um Homem Um Quarto no momento em que você troca com ele alguma forma de contato. **Você pode fazer o primeiro contato. De fato, se existe alguém em quem você está de olho há meses e ainda não teve coragem de abordar, considere-o como seu primeiro dever de casa.**

O Plano não gira em torno de ser distante, indiferente. Se você o viu, conseguiu seu telefone, e quer telefonar, telefone. UMA VEZ. Se não conseguiu o número dele, dê o seu a ele e espere pelo telefonema.

Um homem perde sua posição de Homem Um Quarto se ele não entra em contato com você durante duas semanas. Ele pode readquirir esse status se entrar em contato posteriormente — se você tiver espaço para ele no seu Gráfico Mantris.

Ele permanece um Homem Um Quarto até ser promovido quando, depois de pelo menos um encontro, você diz a ele que está saindo com outros homens (Homens-metade) ou até você deixar que ele toque nos seus seios (Homem Inteiro), ou que você sente no salame dele (Homem Dois e Um Quarto)

Visualização do Homem
Um Quarto

♂ = o homem $1/4$

OU

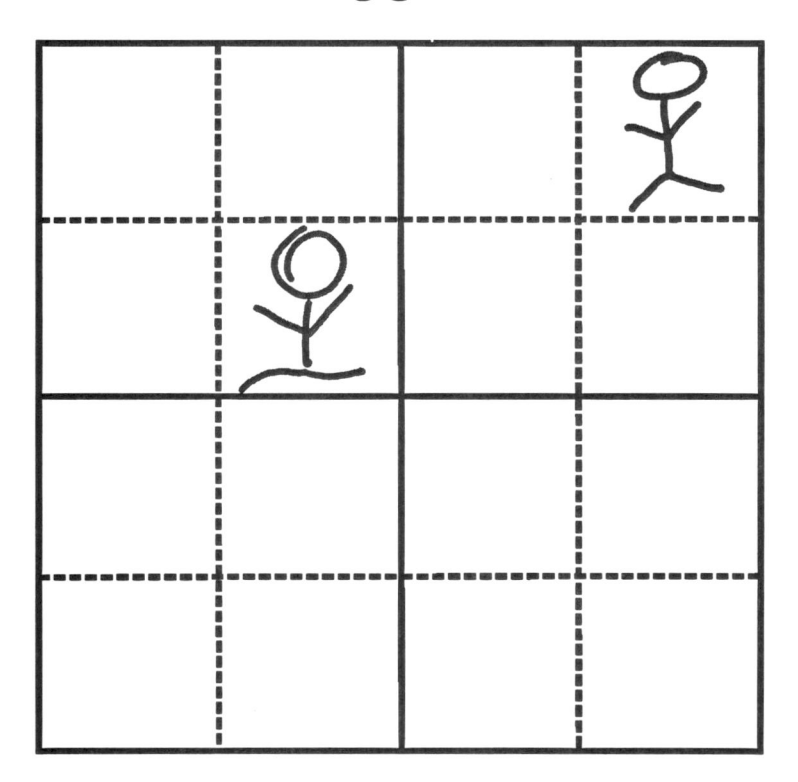

Métodos de coleta

Existe uma infinidade de coisas e maluquices que uma mulher pode fazer para conhecer um homem. Existem "técnicas" para fazer alguém perceber que você está interessada. Elas incluem contato visual prolongado, fingir interesses compartilhados e invadir o espaço pessoal para induzir o objeto a iniciar uma conversa. Embora eu acredite que todas essas artimanhas funcionem em determinadas situações, existe um elevado índice de fracasso, e se você quer mesmo saber minha opinião, tudo isso é um jogo. Além disso, tome cuidado com um homem muito sintonizado nos "sinais"; é mais provável que ele seja do tipo predador ou pegador.

Em sua grande maioria, homens SINCEROS, AMOROSOS e DISPONÍVEIS estão por aí cuidando da própria vida, em vez de se manter constantemente atentos às mulheres à sua volta. Esse é o tipo de homem que estamos tentando encher de confiança e atrair para fora do esconderijo. E para isso, vamos precisar de uma abordagem direta.

Quando se trata de conhecer homens novos, seja ao mesmo tempo corajosa e casual. Posicione sua placa anunciando "PÃO QUENTE" e abra as portas. O sucesso acontece para aquelas que criam oportunidades para elas mesmas. Matricule-se em cursos do seu interesse, como culinária francesa ou tango argentino, apareça na igreja e tente chamar atenção, almoce com o pessoal do escritório, aceite convites, faça trabalho voluntário. Aprofunde seu envolvimento com hobbies e interesses. Conte aos amigos e aos familiares que está disposta a encontrar um parceiro, a começar um relacionamento estável, e vai se surpreender com quantos homens disponíveis existem por aí. Mantenha os olhos abertos, mas não exagere! Uma mulher procurando marido pode ser um repelente, mas uma mulher em busca de encontros e relacionamentos cheira a pão quente.

Como coletar Homens Um Quarto

1. Antes de sair de casa, certifique-se de ter cartões de visita ou pedaços de papel com seu e-mail anotado. Uma Projetista4H preparada é uma Projetista4H ocupada!

2. Você vê um possível Homem-projeto, aproxima-se dele, e:

   a. comenta sobre seu ambiente

   b. faz um elogio

   c. pede a opinião dele sobre alguma coisa

   d. faz uma pergunta

   e. todas as alternativas anteriores

   Seja criativa charmosa e corajosa. A dificuldade só vai persistir nos primeiros poucos minutos de sua empreitada.

3. Em seguida, estenda a mão e diga: "Olá, meu nome é (*diga o seu nome*)". Acrescente ao gesto um aperto de mão firme, convidativo e um "Qual é o seu nome?"

   Isso pode ser feito quando você estiver atrás dele na fila do café, ao lado dele no ônibus, ou em uma pista de dança lotada embaixo de uma dançarina seminua no palco.

4. Então, mesmo que não aconteça uma conversa, ou que o abordado reaja de maneira desajeitada ou desconfortável, ou se ele a atingir como um raio e você sentir que está apaixonada, leve a mão ao bolso cheio de cartões de visita ou papéis com seu e-mail anotado, entregue um com uma confiança impressionante, e diga: "Foi muito bom conhecer você, (*diga o nome dele*)."

5. Agora sorria e se afaste; seu trabalho está feito. Acrescente-o a seu Gráfico Mantris como um Homem Um Quarto. Abandone completamente qualquer medo ou esperança de que ele entre em contato com você e siga em frente.

Esse método proporciona um elevado índice de retorno e muito pouco estresse. Quando se sentir mais confortável com ele, fique à vontade para improvisar. Porém, lembre-se de manter a abordagem sempre direta e de encerrá-la com algum canal de contato, seja seu ou dele.

Diretrizes para coletar os Um Quarto
Você não está procurando por um amigo. Você será sempre uma mulher e ele será sempre um homem. Isso é simplesmente uma disposição mental; não é uma situação obviamente sexual, mas simplesmente uma intenção.

Seja sempre você mesma. Não finja já ter lido o livro que ele está lendo, nem diga que joga tênis só porque ele está segurando uma raquete. Você pode se interessar e ser interessante; só não pode mudar quem você é.

Aumente seus horizontes. Não seja seletiva demais. Não limite a busca ao seu "tipo". Resista à urgência de mensurá-lo comparando-o à sua Lista de expectativas ou à sua Lista de causas para rompimento. Você está procurando alguém que pareça sincero, disponível e amoroso, e que seja solteiro, solteiro e solteiro.

Não pressione. Você não está caminhando na direção do seu futuro marido, mas abordando alguém que pode ser acrescentado a seu Gráfico Mantris. Adote como objetivo um Gráfico Mantris preenchido, não um pai para seu filho, e colecionará os Um Quarto como uma máquina de pinball acumula moedas.

Quando pratica o P4H, você está por aí colecionando vários exemplares de Homens Um Quarto. Quando não está se deixando guiar e dominar pelo seu dedo anelar e pelas trompas de Falópio, os homens sentem a diferença em sua abordagem, e você também sentirá essa diferença. Na selva dos relacionamentos, você é uma coelhinha atrevida se aproximando para dar uma farejada rápida, não uma caçadora sedenta de sangue com uma espingarda e uma armadilha para ursos.

Além do mais, minha ambiciosa Projetista4H, não há tempo para ser tímida nem fazer joguinhos. Temos contas a fazer, matemática a realizar, e você não pode ficar sem números.

A conexão à internet

A internet é a melhor amiga da Projetista4H! Para começar, vamos citar o www.thefourmanplan.com. Nesse site você pode obter informações e conselhos, ou praguejar e desabafar com suas colegas, outras Projetistas4H. Esse é seu lugar para discutir todas as coisas relacionadas ao P4H.

Além disso, os sites de relacionamento da internet fornecem os homens de que você precisa para preencher seu Gráfico Mantris. Há toneladas de homens procurando o amor

---

Ei, e quanto a todos aqueles predadores on-line?

Eles existem na rede como também na vida real. Pelo menos on-line você consegue dar uma olhada no que eles têm a dizer sobre si mesmos e considerar as informações de maneira objetiva. Pessoalmente, acabamos frequentemente ofuscadas pela luz branca da atração sexual e pelos efeitos de dois coquetéis. Vá a um desses sites e registre-se.

on-line. Para aquelas que experimentaram os sites de relacionamento e se sentiram afogadas, o P4H fornece a estrutura para ajudá-la a nadar pelos números do caos.

Como usar a conexão à internet:

Crie um novo endereço de e-mail só para Homens-projeto: isso vai ajudá-la a manter um registro claro e administrar O Plano de acordo com seus termos. Então, um dia, talvez você possa mostrar a seus netos um registro de dados maluco, holográfico e futurista sobre como você conheceu o vovô na época em que ainda era necessário digitar seus pensamentos.

Ao colocar um anúncio: não escreva usando indiretas ou eufemismos. Seja absolutamente clara e leve. A foto deve mostrar apenas do colo para cima: deixe-os ver seus olhos, e use roupas. Nada de insinuações sexuais. Roupas sugestivas ou linguagem insinuante são uma espécie de luz verde para aqueles homens que estão apenas procurando por sexo.

Ao responder um anúncio: leia o texto cuidadosamente. Você deve suspeitar que eles são sinceros, amorosos e disponíveis. Ouça sua intuição com relação às intenções desses homens. As palavras que as pessoas escolhem podem revelar muito sobre seu caráter.

Reformule seu anúncio e seu perfil a cada duas semanas: na medida em que progredir no Plano, você vai crescer e mudar. Modificar seu anúncio pode refletir de forma estável e sólida essa mudança e atrair tipos diferentes de homens, cada vez que você alterar sua redação. Mude as fotos, também — até o rosto refletirá a nova você.

Encontre-os pessoalmente: não percorra a estrada florida da paixão por mensagens instantâneas. Encontre alguém por quem se interesse e siga com firmeza e confiança para um encontro pessoal. Um homem que mora dentro do seu BlackBerry, por mais espetaculares que sejam suas habilidades de redação, não é uma boa companhia para o jantar.

Se o homem em questão vive fora da cidade: nunca vá até ele, a menos que tenha amigos, parentes, ou pelo menos um motivo válido para visitar a cidade em questão. (E quero dizer VÁLIDO, não o Terceiro Festival Anual do Alho.) Se ele quer participar, deixe que venha a seu encontro, mas nunca permita que ele se hospede em sua casa até que ele se torne um Homem Três e Meio. (Falaremos sobre ele mais tarde.)

Redutor para o Forasteiro
NOTA: O sucesso de um relacionamento a distância é algo que contraria as probabilidades. Por isso, qualquer Homem-projeto que resida fora da cidade deve ser reduzido em Um Quarto. Assim, se ele for um Homem Metade, será considerado apenas um Homem Um Quarto, se for um Homem Inteiro, será apenas um Três Quartos, e assim por diante.
Uma Projetista4H só pode manter um Forasteiro em seu Gráfico Mantris de cada vez.
Se você ainda não o conheceu pessoalmente *E* ele mora fora da cidade, então, não se qualifica como Homem-projeto. Não dê a ele nem um cantinho de um quadrado. Falar é barato, mas digitar não tem custo algum. Ei, estamos procurando pela coisa verdadeira, certo? Não invista muito tempo em uma fantasia construída a partir de 1s e 0s.

Atração química

Aqui temos um tópico que sempre leva muitas garotas a desistir:

"Ele é um amor, mas não há nenhuma chance de um futuro para nós, porque simplesmente não existe QUÍMICA."

Garotas, estou aqui para dizer que isso é uma besteirada só.

Não, não estou afirmando que a química não é algo maravilhoso, e que, em última análise, ela é útil entre dois amantes. Mas o que não é de conhecimento comum é que essa química não é necessariamente imediata ou contínua. Dadas as circunstâncias corretas, ela pode aparecer onde antes esteve ausente. Nas circunstâncias erradas, pode desaparecer de onde antes era predominante.

Se:
A. seu requisito anterior para se relacionar com alguém era se sentir em chamas ao encontrá-lo...

E:
B. você recentemente aceitou que é péssima no amor...

Então:
C. você talvez tenha passado boa parte da sua vida amorosa lidando com:
  1. idiotas
  2. cretinos
  3. covardes

Os homens que consideramos instantaneamente atraentes são em geral as piores escolhas possíveis para uma garota que quer deixar para trás uma vida atormentada por ansiedade, sofrimento e drama. É inteiramente possível que seu mecanismo seletor esteja desligado, e que essa seja a única razão para todos os seus problemas.

A química, como um bom ensopado, pode ser criada de maneira eficiente mantendo-se a mistura em fogo baixo e acrescentando diversos ingredientes diferentes que possam se misturar ao longo de um certo tempo. Experimente a mistura antes da hora e ela pode ter o sabor de repolho duro mergulhado em água suja. ECA! Mas espere até ela estar devidamente cozida e você terá a barriga cheia de uma criação única, nutritiva, complexa e macia.

O Homem-metade

O Homem-metade é bem gostoso. Você o fez passar pelo necessário segundo encontro (ver **O mínimo de dois encontros**, página 133), e estão suficientemente interessados um no outro para sair pela terceira vez.
 Qualquer homem que chegue a um terceiro encontro é automaticamente um **Homem-metade**.

> REQUISITO: Um Homem-projeto deve saber que você está saindo com outros homens durante o terceiro encontro ou antes dele.

Para O Plano dar certo, todo Homem-projeto precisa saber que está competindo com outros Homens-projeto. Isso se refere ao Postulado nº 2, o Teorema Disney, que estabelece que, quando se trata de competir por amor, há uma grande diferença entre garotos e garotas. Só quando os homens começam a se tornar Metades que a verdadeira diversão do Plano começa.
 As mulheres em geral, mas particularmente aquelas que são péssimas no amor, têm a tendência de inferir o status de seu relacionamento com um homem pela observação do comportamento e do ambiente de seu pretendido. Uma mulher saudável pode obter sua informação procurando por uma aliança de casamento no dedo dele, esperando que ele fale sobre levar o relacionamento adiante, observando como ela é tratada, se ele a faz sentir especial, se corresponde ao seu afeto, e assim por diante. Quanto mais prejudicada você está, mais aguçados seus sentidos. Por exemplo, eu ouviria o tom de hesitação quando ele dissesse as palavras "ocupado" e

"com um amigo". Contaria as taças de vinho na lava-louça e examinaria os travesseiros em busca de longos fios de cabelo. Eu iria além.

Quando têm a oportunidade, os homens são equipados da mesma habilidade, mas eles a utilizam como um cavalo de corrida que sente um animal concorrente se aproximando por fora. Essa capacidade se torna uma ferramenta de diversão e jogo que eles são rápidos em empregar.

Há flores de outro homem em seu apartamento quando ele vai buscá-la?
Você está livre num sábado à noite?
Está "cansada" em seu encontro com ele porque "dormiu tarde" na noite anterior?

Recomendo que você cultive seu Homem-metade em algum momento durante seu SEGUNDO ENCONTRO. Mesmo que ele seja o único homem em seu Gráfico. É sua *intenção* sair com outros homens. Essa é a informação importante. Por que durante o encontro, ou mesmo no início dele, é o melhor momento para cultivar seu Homem-metade? Porque se você esperar até o fim do encontro, ele pode confundir a informação como uma despedida, um rompimento. Se você esperar até o terceiro encontro, a pressão do prazo pode prejudicar sua ação.

Por que tenho de promovê-los a metade no terceiro encontro?

Nossa cultura destinou o terceiro encontro a ser o "encontro sexual". Não sei bem ao certo quem começou com isso, mas, se você está usando o Índice de espera por sexo, então sabe que o terceiro encontro pode ser cedo demais. Quando diz ao Homem-projeto que está saindo com outras pessoas, você também está emitindo o sinal de que pode adiar o sexo até estar saindo exclusivamente com ele. No quarto encontro, as pessoas estão mais emocionalmente envolvidas. A situação começa a parecer típica de um casal, e se um Homem-projeto só descobre nesse ponto que você está saindo com outras pessoas, é maior a probabilidade de que ele se sinta meio traído e pouco especial. Antes do terceiro encontro, ou durante essa ocasião, ainda é um momento do "processo de conhecer um ao outro", e é improvável que ele tenha desenvolvido algum sentimento de posse com relação a você.

Vai ser mais difícil contar a um homem mais tarde, principalmente se você gosta dele, e você pode acabar por perdê-lo, em vez de ter a oportunidade de vê-lo desabrochar enquanto ele compete por sua afeição. Além disso, assim você não será uma vadia mentirosa.

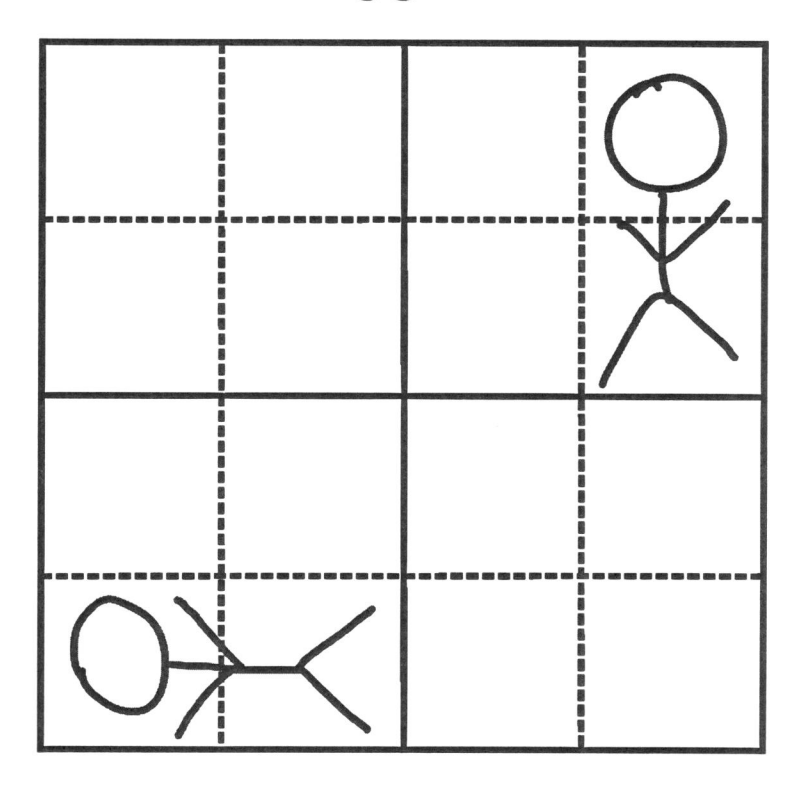

Visualização do Homem-metade

= o homem $\frac{1}{2}$

OU

Como dividir um homem ao meio

Muito bem, agora você sabe que precisa tornar um Homem-projeto oficialmente um Homem-metade até o fim do terceiro encontro informando-o de que você está saindo com outros homens. Inicialmente, essa tarefa pode parecer assustadora. Mas, na verdade, não é. Depois de ver o efeito que ela tem, depois de realizá-la três ou quatro vezes, ela se tornará completamente natural. Aqui vão algumas poucas amostras de roteiros que são MUITO FÁCEIS de inserir em uma conversa corriqueira. O melhor momento para isso é antes da metade do encontro. Assim, ele não interpretará a revelação como uma maneira dissimulada de terminar tudo com ele.

Amostras de roteiros
1. "Tenho tido muitos encontros divertidos, e você é o homem mais _____ com quem tenho saído!"

    Preencha a lacuna com uma palavra que seja VERDADEIRA sobre ele. Por exemplo: divertido, engraçado, bonito, doce, atencioso, atraente, generoso, talentoso etc.

    Você pode fazer esse comentário em resposta a um gesto de gentileza, delicadeza, talento, ou qualquer outra coisa que a impressione ou encante.

    Esse roteiro não só dá a ele a informação de que ele precisa, como também o elogia. Talvez leve alguns minutos, mas ele vai entender o que se passa. Confie em mim.

2. "Tenho tido muitos encontros divertidos. E você é meu preferido!"

3. "Quem poderia imaginar que uma garota encontraria tantos homens interessantes na internet!"

Deixe acontecer. Deixe ele saber que você está saindo com vários homens porque é DIVERTIDO PARA VOCÊ. Isso muda a própria natureza do relacionamento.

> **Deixar os homens saberem que estão competindo NÃO significa que essa terá de ser uma conversa dura.** MANTENHA O PAPO LEVE! Introduza a informação num bate-papo informal.

O Homem Inteiro

O Homem Inteiro é o verdadeiro esquema. Homens Inteiros sabem que estão competindo e permanecem no jogo.

> **Um Homem-projeto se qualifica como um Homem Inteiro em uma dessas duas maneiras:**
>
> 1. Intimidade física além de um longo beijo de boa noite, mas ainda com as roupas e em um ângulo de noventa graus (sentados) ou na vertical, com os quatro pés no chão. Por exemplo, você pode ter uma sessão de intensas apalpadas mantendo o contato POR CIMA do sutiã, mas sem intimidades realmente sexuais.
>
> 2. A vocalização da palavra com A — sim, AMOR — por qualquer Homem-projeto.

"AMOR?", você diz. E ele é só um Homem Inteiro? Não devia *considerar casamento* com um homem que diz amá-la? O que descobri na minha aplicação do P4H foi que, quando estão competindo, os homens dizem e fazem coisas que estão além de sua zona de conforto para conseguir vantagem sobre a concorrência. Dizer: "Eu amo estar com você", ou mesmo, "Eu amo você" começa a se tornar comum em muitos casos, porque ainda é muito mais fácil DIZER a palavra amor do que FAZER amor.

Portanto, não deixe seu coração ficar todo agitado porque levou dez meses suplicando e realizou uma dúzia de performances dignas de uma estrela do cinema pornô para ouvir essas mesmas palavras na última vez. Se ouvir "eu amo você" era seu objetivo anterior, vamos aumentar as apostas. Estamos procurando por um homem SINCERO, AMOROSO e DISPONÍVEL que faça você sentir arrepios e a trate como uma deusa. Então, se ele diz essas palavrinhas mágicas, limite-se a ouvi-las e a "aceitar" seu gesto, e se por acaso se sentir inclinada, retribua. Puf, agora ele é um Homem Inteiro. (Mas não vale se você mencionou a palavra com "A" antes. Ver "O paradoxo da conversa" na página 137.)

Sinta-se à vontade para se abrir para o amor em suas muitas formas, sentimentos, ações e palavras. Não há perda em amar. Não acredito nessa história de resguardar e economizar o amor para "O cara especial." O amor é a capacidade de desejar a felicidade de alguém e estabelecer um relacionamento afetuoso. Cada vez que você ama dessa maneira, está plantando uma semente, e cada semente é diferente. Pode ser um fruto que você nunca viu e nunca experimentou antes. Você pode cuidar de um jardim inteiro de amor com a única intenção de aprender a ser um jardineiro melhor. Não há nenhuma vergonha em um amor sazonal.

Se um homem chegar ao status de Homem Inteiro no primeiro encontro ou mesmo no início do primeiro encontro (ei, já estive bêbada em uma boate, eu sei que isso acontece), você deve dar a ele as honras recebidas pelo Homem Um Quarto, ou seja, um canal de contato, uma maneira de encontrá-la, e pelo Homem-metade, ou seja, informá-lo de que você está saindo com outros homens.

O Homem Inteiro está numa posição poderosa. Se você realmente vê potencial em um homem, mantenha-o como um Homem Inteiro pelo máximo de tempo possível antes de promovê-lo à próxima categoria. Em outras palavras, tire proveito do Índice de espera por sexo.

Visualização do Homem Inteiro

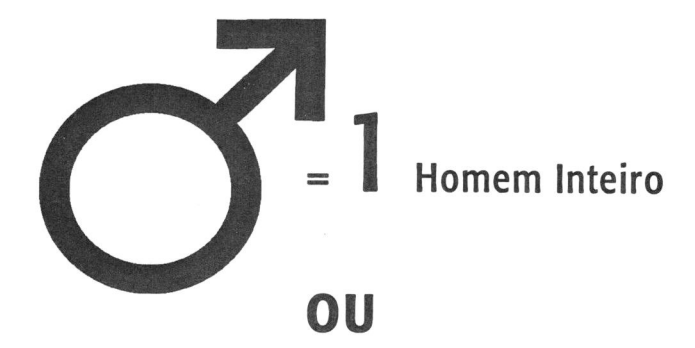

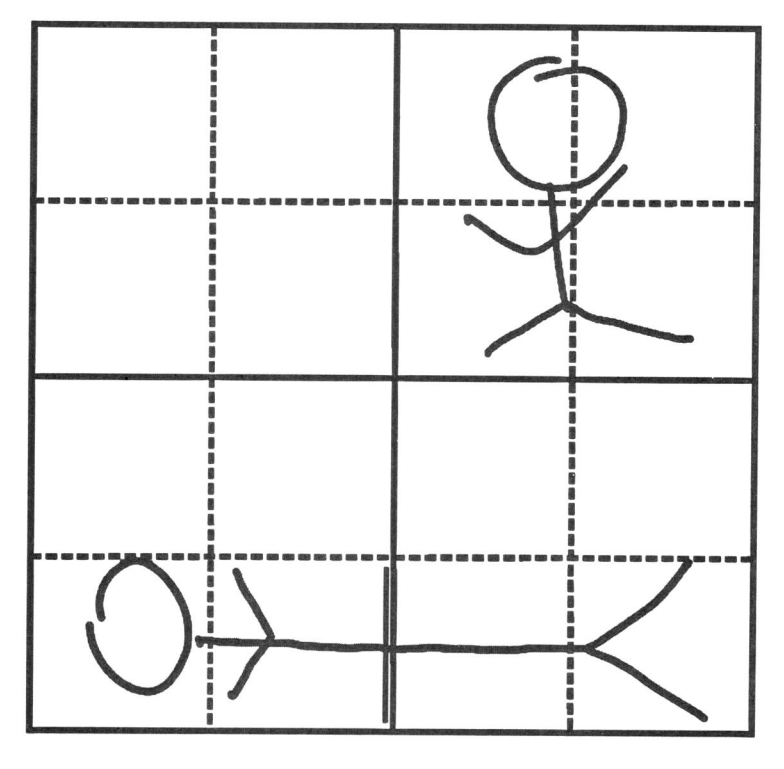

♂ = 1 Homem Inteiro

OU

Como mantê-los inteiros

E daí se um Homem-projeto a está pressionando para fazer sexo?

Trata-se aqui de uma coisa de energia. Vamos imaginar um homem que se considera com sorte suficiente para ter um encontro com, digamos, uma ESTRELA DE CINEMA ou a Princesa de Mônaco. Ele teria grande dificuldade até mesmo para beijá-la, e ainda mais para dormir com ela. Por quê? Porque a energia dessa mulher é muito grandiosa, muito especial. Ele se sente fascinado por ela, e, portanto, a respeita. Mesmo assim, ele ainda *quer* trepar com ela. Mas não se sentiria no direito de tentar ou insistir até realmente ter conquistado esse direito, até ter certeza absoluta de que ela também quer a mesma coisa. E tudo isso não a torna menos sexy ou desejável.

Participar dos vários passos do Plano ajudará você a construir sua energia, levando-a do patamar onde está agora até o desenvolvimento de seu pleno potencial. Nosso objetivo é que você entre em uma sala e faça os homens se sentirem tontos, com as pernas bambas. Assim, eles não se atreveriam a se aproximar de você em busca de sexo até que haja um certo nível de intimidade, e até que suas ações sirvam de garantia. Projetar esse "poder de estrela" fará com que os homens se comportem apropriadamente em sua presença. Eles saberão que você não é aquele tipo de garota que leva os tornozelos para trás dos joelhos só para dizer: "Você gosta de mim?" Você é especial, e um simples olhar e um sorriso sutil dizem: "Sorte sua de estar comigo." Mantenha isso em mente quando estiver tentando manter um Homem Inteiro, e mais nada, por enquanto.

O Homem Dois e Um Quarto

Muito bem, é aqui que a coisa começa a esquentar. Por causa da Regra de Chuck (ver página 72), é essencial que você não durma com mais de um homem ao mesmo tempo.

> Qualquer Homem-projeto com quem você faça sexo se torna um **Homem Dois e Um Quarto**. Dessa maneira, se você está dormindo com dois homens ao mesmo tempo, isso somaria quatro e meio, e o resultado seria demais. Entendeu?

Essa categoria de Homem-projeto foi criada porque eu estava com pouco menos de 30 anos quando inventei O Plano e, puxa, aquela história do relógio biológico é verdadeira. Eu queria aquilo o tempo todo. Também somos escravas de um imperativo biológico. Quando a força imperativa do impulso sexual começou a descer a ladeira, quando eu já tinha mais de 30 anos e ainda era solteira, foi como um trem-bala. A única maneira de me impedir de atacar um homem era lembrar que eu podia chegar mais longe, levar tudo aquilo para outro patamar. Infelizmente, como confirma qualquer mulher casada, nada esfria mais nossas turbinas do que acesso fácil ao sexo.

Como você verá na minha Aplicação do Plano, usei a posição 2 ¼ para conter homens com quem o sexo era o melhor, e às vezes o único assunto. Esses eram os homens que originalmente eu pensava serem "meu tipo", porque eles desencadeavam a insana Cruzada do Papai que estava diretamente ligada à parte interna das minhas coxas. Mesmo assim, eram esses homens que me deixavam em chamas.

Com o preenchimento dessa lacuna (sem nenhuma intenção de trocadilho) por meu tipo anterior, eu era capaz de comparar maçãs e laranjas (Homens Inteiros e Homens Dois e um Quarto) semanalmente e lado a lado. Foi por meio desse processo que notei que "meu tipo" não se adequava muito bem ao departamento da sinceridade, do afeto amoroso e da disponibilidade.

A outra maneira pela qual os homens se enquadram nessa categoria é pela promoção estável. Eles foram promovidos de uma maneira honrada e justa da improvável categoria de Homem Um Quarto até o topo da pirâmide. Usaram o Índice de espera por sexo em vantagem própria e conquistaram seu coração e sua calcinha. Você realmente gosta desse cara, e sente que é hora de realizar todo o restante. Mas espere.

Espere...

Está vindo...

Visualização do Homem Dois e Um quarto

O Homem 2 ¼

OU

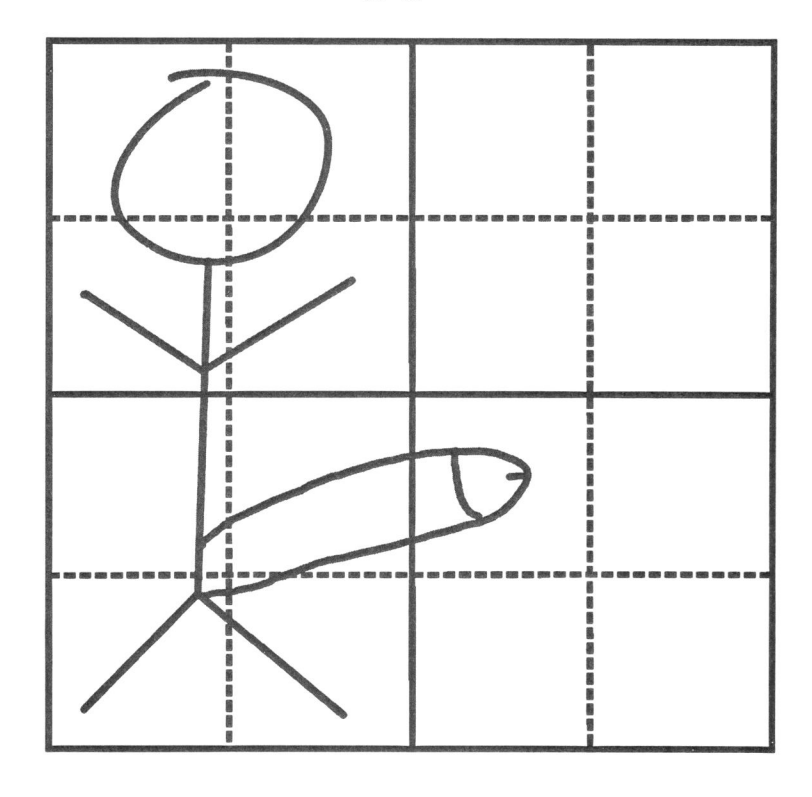

A Régua de Cálculo da Intimidade

As prévias distinções entre os Homens-projeto são baseadas em um protótipo particular da Projetista4H: mulher, entre 20 e 60 anos. Sexualmente ativa, nenhuma doutrina religiosa em particular, criada sob influências culturais basicamente ocidentais e um forte desejo de encontrar O CARA ESPECIAL. É claro, esses critérios não se aplicam a todas que podem usar O Plano efetivamente, como descobri quando fui questionada por uma mulher mórmon: "E se você esperar até o casamento para fazer sexo?". E quanto à minha amiga que me escreveu do Quênia, onde sexo seguro significa nenhum sexo? E também tem aquela minha querida Projetista4H de 15 anos que ainda não se sente preparada para fazer sexo, só quer que os garotos a tratem com mais respeito.

Cada mulher tem limites diferentes. Coisas diferentes que as ligam a um homem. A Régua de Cálculo da Intimidade dá a você a chance de criar sua própria definição de um 2 ¼. **Basicamente, seu limite 2 ¼ é qualquer coisa que faz você começar a desenvolver expectativas com relação a um homem.** MUITAS MULHERES não conseguem ter sexo sem desenvolver algum tipo de expectativa. A Projetista4H sempre encontra alívio para isso usando a categoria de um 2 ¼ e O Plano em proveito próprio dividindo suas expectativas entre seus vários Homens-projeto. Ainda assim, apenas a matemática não é suficiente para protelar as demandas do seu coração.

A RÉGUA DE CÁLCULO DA INTIMIDADE serve para permitir que você examine como cada nível de intimidade física a engaja emocionalmente e, assim, determina seu 2 ¼. Então, aplique-a e veja o que acontece.

Regra de Cálculo da Intimidade

FÍSICA
- Toque amistoso
- Segurar mãos
- Beijar
- Amassos
- Sexo

EMOCIONAL
- Antipatia
- Indiferença
- Curiosidade
- Excitação
- Expectativa

Antes de começar a seguir O Plano, meu modo habitual de operação era estabelecer primeiro a relação física, para depois lidar com as emoções às quais essa relação conduzia. Como resultado, eu me descobria tendo expectativas repentinas com relação a um homem ao qual eu teria sido menos que indiferente, e apenas porque eu havia ido para a cama com ele. Daí eu passava a viver obcecada por um homem de quem eu nem tinha certeza se gostava! Era de enlouquecer. Agora sei que minhas maiores chances ocorriam quando os marcadores das minhas réguas estavam nivelados.

Sua regra de cálculo pode se alterar em vários pontos ao longo de sua carreira de relacionamentos, ou ela pode mudar de uma hora para outra com base na quantidade de drinques que você bebeu. Se você pretende mesmo realizar O Plano, recomendo que mantenha as regras de acordo com o diagrama. Ou, se você quer mesmo resistir, baixe a regra emocional em um ou dois pontos.

O reflexo ex

Ah, a confusão dos ex, uma pilha aparentemente inútil de enganos e sofrimento: bad boys imaturos, incapazes de se comprometer, patetas imprestáveis e os que fugiram do "navio dos pegajosos". Mas, felizmente, a Projetista4H não é somente graciosa, fabulosa, e mentalmente aberta e receptiva, ela também recicla!

Coisas incríveis acontecem quando você começa o plano. Uma delas é que uma transmissão é enviada pela atmosfera e ilumina aqueles espíritos que você amou e perdeu. Sem nenhuma provocação, você pode ser procurada por vários ex de todos os cantos. Ou pode querer usar sua atitude e suas habilidades e recém-descobertas para reapresentar-se a alguém que anteriormente se afastou sem nenhum motivo específico. O que fazer?

Os ex podem ser introduzidos em seu Gráfico Mantris como uma exceção à regra, um precedente. Parece estranho, mas é uma forma mais do que apropriada de vê-los, considerando que eles são uma exceção aos princípios do Plano e que, de outra maneira, poderiam ser mantidos fora do seu gráfico.

Esse precedente pode ajudá-la a fazer a autópsia de seus erros com um novo tipo de precisão. Pode permitir que você compare o velho e o novo e veja como seus gostos e suas percepções mudaram. Ele pode trazer conclusão e maturidade ao que pode ter sido um terrível e feio rompimento. Pode reunir duas pessoas que deviam ter ficado juntas, se uma delas, ou as duas, não houvessem sido tão horríveis no amor.

Além disso, não vamos ignorar o fato de que essa é uma grande fonte para um fácil Dois e Um Quarto.

> **Um ex só tem uma chance como Homem-projeto, uma passagem pelo gráfico.**
> Quando um ex é inserido em seu Gráfico Mantris, ele deve ser considerado de acordo com todos os princípios e deve competir de forma justa com outros Homens-projeto. Se ele estragar tudo novamente, estará fora de uma vez por todas.

Como usar o Mantris

Se você tem um Homem-projeto de cada valor, você conseguiu construir um Mantris Cheio Perfeito! Seu Gráfico Mantris teria essa aparência:

Ou digamos que você saiu por aí tendo vários encontros e conheceu 16 homens com quem trocou telefones ou e-mails. Você conseguiu um Mantris Cheio, e ele terá a seguinte aparência:

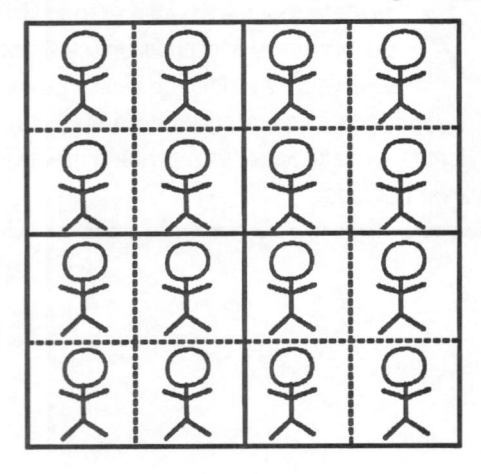

Ou se você estivesse no programa *The Bachelorette*, participando dos quatro encontros, seu Gráfico Mantris ficaria assim:

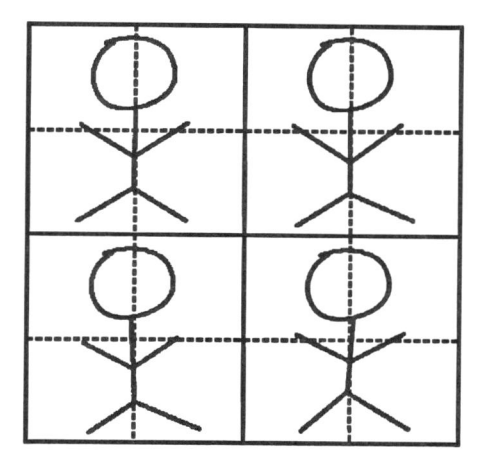

Ou se você fosse a Branca de Neve vivendo com sete anões apaixonados por você, seu Mantris quase cheio ficaria assim:

O que ainda deixa espaço para você conhecer seu príncipe. Seja qual for a maneira pela qual isso ocorra organicamente com você, tudo bem.

9. OS PRINCÍPIOS DO P4H

Princípio: 1. Um padrão utilizado para tomada de decisão. 2. Uma política ou maneira de agir predeterminada

Os seguintes princípios são as ferramentas que uma Projetista4H usa para progredir pelo Plano com firmeza e integridade.

> "Três regras de trabalho:
> Tirar simplicidade da confusão.
> Encontrar harmonia na discórdia.
> Em meio à dificuldade está a oportunidade."
>
> – ALBERT EINSTEIN

Princípios do P4H

Esses seis princípios foram criados para ajudar uma Projetista4H a remover toda ambiguidade moral e emocional. Coisas como:

"*O que vou fazer se esse gato me convidar para um segundo encontro?*"

"*Eu afundei o 'barco dos sonhos' quando disse que queria que nossos filhos tivessem o nariz dele?*"

"*Como posso ter um relacionamento significativo com meu chefe, se a mulher dele está sempre nos interrompendo?*"

Esses dilemas ocupam muito do tempo de uma garota.

Como a execução do plano requer que você passe mais tempo procurando por homens, conversando e saindo com eles, seguir esses princípios vai ajudá-la a passar menos tempo questionando, esperando e julgando os homens. Esses princípios existem para guiá-la, na medida em que seus Homens-projeto saem de seu gráfico e você começa a experimentá-los com todas as complicações que surgem na interação humana.

O Fator Sim

Princípio nº 1: Dizer SIM a todos os convites.

Seu objetivo é preencher o Gráfico Mantris e mantê-lo cheio. Se você é convidada para uma festa, uma exposição de arte, um rodeio, ou um rali de caminhões, você diz SIM. Se uma amiga se oferece para apresentá-la a alguém, ou sua tia quer que você conheça o dentista dela, ou se aquele homenzinho da contabilidade a convida para sair, independentemente da sua "opinião" sobre eles, você diz SIM. Por quê?

Quatro motivos principais:

1. Para que você tenha uma amostragem maior de espécimes e não escolha apenas homens pelos quais se sente atraída, porque até agora isso não deu em nada.

2. Para que, se você gostar MUITO de um homem, não acione seu raio laser ou suas garras letais, nem o cutuque de maneira imprópria com seu dedo anelar ou suas trompas de Falópio, porque estará distraída com outras coisas.

3. Para que você não tenha de FINGIR que é difícil, ou que se sente fabulosa e desejável, ou que é graciosa e solidária. Tudo isso será simplesmente verdade.

4. Porque o Projeto Quatro Homens é um jogo de números. Quanto mais bilhetes você compra, mais chances tem de vencer!

Exceções ao Fator Sim são O ângulo Garota das Garotas (página 129) e A escada para o término (página 143).

O fator sim

O ângulo Garota das Garotas

> **Princípio nº 2:** Manter o Ângulo Garota das Garotas.

Há dois tipos de mulheres nesse mundo: Garota das Garotas e Garota dos Caras.

Vamos supor que você conhece um homem delicioso — vamos chamá-lo de Dick* — e na primeira conversa ele pergunta:

"Posso lhe pagar uma bebida?"

Hummm, promissor. Mas, então, você percebe que ele usa uma aliança.

Se você é uma **Garota das Garotas**, *recua e se inclina para trás, criando assim o ângulo Garota das Garotas*, e diz: "Não, obrigada."

Se você é uma **Garota dos Caras,** se aproxima mais e responde: "Sim, é claro."

Ele começa a se sentir confortável com você, vê que percebeu a aliança, e explica:

"Minha mulher e eu estamos enfrentando alguns problemas."

Uma **Garota das Garotas** nem responde. Inclina a cabeça como se quisesse dizer "não me interessa", desencorajando-o assim a prosseguir.

Uma **Garota dos Caras** demonstra compaixão e solidariedade, talvez até toque o braço de Dick e diga com tom meloso: "Pobrezinho."

---

*Aqui, a autora faz um trocadilho: a palavra inglesa *dick* é um apelido para o nome Richard, mas também pode significar "penis" ou "babaca". (*N. da. E.*)

Ele persiste com: *"Ela simplesmente não entende que tenho minhas necessidades."*

A **Garota dos Caras** responde: "Essa megera não entende você."

Uma **Garota das Garotas** diz a ele: "Talvez devesse dizer isso a *ela*, levando flores, esvaziando o lava-louça, e talvez ENTÃO ela queira fazer sexo com você." Simples assim!

O ângulo Garota das Garotas

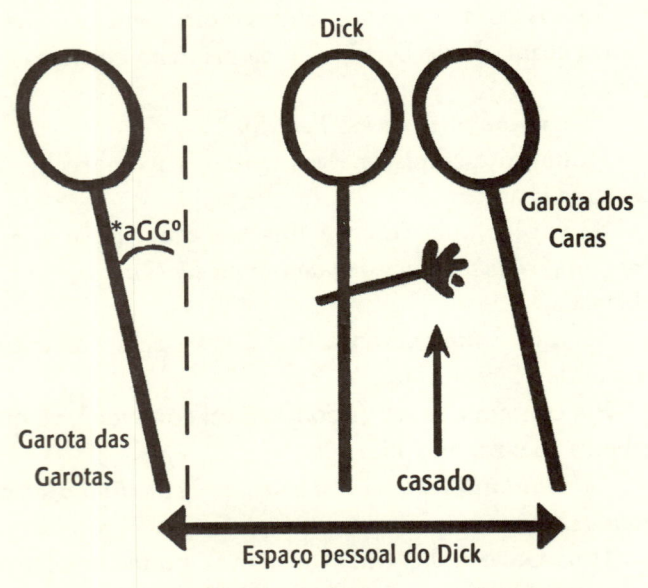

Dick

*aGG°

Garota dos Caras

Garota das Garotas

casado

Espaço pessoal do Dick

*abreviação para ângulo Garota das Garotas

Como uma Garota das Garotas, você fica do LADO DAS MULHERES. *Sempre*. Comporte-se como se fosse o marido da sua melhor amiga tentando seduzir você, como se conhecesse toda a história dessa mulher, porque você conhece. É claro que ela não é totalmente isenta de culpa, e ele pode até ter motivos legítimos para reclamar, e é possível que o casal esteja mesmo a caminho do divórcio ou do rompimento. Mas, se eles ainda estão juntos, então, não é da sua conta. Discutir o assunto com uma desconhecida, em vez de falar com a mulher dele, com um amigo, ou com o terapeuta, é um gesto de covardia. Então, fique do lado dela, defenda o lado dela da história e finja que é você que está em casa esperando por ele enquanto ele procura solidariedade na rua.

Aceite a grande probabilidade de que ele precisa resolver os problemas com ela (mesmo que ela seja uma megera enlouquecida e tenha TODA a culpa) antes de fazer alguma coisa certa com você. Se todas nós apoiarmos as mulheres desconhecidas do outro lado daquele homem delicioso, em vez de cair no conto mais velho e estúpido do mundo, o cenário romântico será muito mais seguro para todas nós.

Se isso ainda não é motivação suficiente, aqui vai o verdadeiro segredo: toda mulher, desde o nascimento, é equipada de um superpoderoso encantamento vodu. A maioria decide não usar esse poder, ou nem sabe que o possui, a menos que seja provocada. Quando uma mulher descobre que foi traída, independentemente de quem é o culpado pela traição, quem começou, ou quem fez o que e quando, ela sem dúvida lança esse vodu contra o amante e a outra mulher. Ela se senta e, em profunda concentração, deseja o pior destino possível para todas as partes envolvidas. Se você alguma vez já foi traída, como eu fui, sabe sobre o que estou falando. E se as partes envolvidas se arrependerão no futuro, ou não, essa maldição vodu quase sempre funciona. Só precisamos dar uma olhada nos tabloides nas bancas de jornal para ver qual foi o destino dessas mulheres que ousaram se envolver com homens comprometidos, e essa teoria se confirma.

Eu mesma sou uma Garota dos Caras regenerada. Perdi minha virgindade com o cozinheiro do bar onde eu trabalhava como garçonete. Tentamos guardar segredo, esconder o envolvimento da proprietária do lugar, nossa chefe, não só porque esse tipo de confraternização era criticada em nosso ambiente de trabalho, mas porque ela era noiva dele. Ela descobriu tudo. O vodu foi lançado.

Meu castigo? Fui demitida e tive uma horrível infecção na bexiga. A punição dele? Ainda teve de se casar com aquela bruxa horrorosa e passou o resto de seus dias de casado ouvindo a esposa jogar o episódio em sua cara. Se você tem sido uma Garota dos Caras, pode mudar de time a qualquer momento. Agora, por exemplo. Seria ótimo.

Seja uma Garota das Garotas. Mantenha o ângulo.

O mínimo de dois encontros, ou, dê uma chance a Pete.

> **Princípio nº 3:** para examinar cada espécime, você precisará de uma amostra de controle e uma amostra de teste. Portanto, O Plano requer um mínimo de dois encontros por Homem-projeto, goste você dele ou não.

Aimeudeus, POR QUÊ?!

Quatro motivos:

1. Esse princípio gira em torno da coleta de dados. Gostamos de pensar que temos a espantosa capacidade de ler as pessoas a partir das primeiras impressões. Mesmo que você seja excelente em outras áreas de sua vida, devemos nos referir ao Postulado n° 5: Você é péssima no amor.
2. Alguns dos homens mais SINCEROS, AMOROSOS e DISPONÍVEIS causam uma terrível primeira impressão. Provavelmente porque não têm muita prática ou não fazem o tipo sedutor inveterado.
3. Conversei com muitas mulheres casadas, e metade delas confessou não ter gostado do marido na primeira conversa, no primeiro encontro. Você prestou atenção? METADE! Ele não era seu tipo, era estritamente "um bom amigo", fez alguma coisa estúpida, ou apenas não agradou. Mas, por algum motivo, elas deram outra chance ao sujeito — e acabaram apaixonadas e casadas com ele.

Gráfico de fluxo do mínimo de dois encontros

1º encontro
↓
Você
↙ ↘
Gosta dele   Não gosta
↙ ↘   ↙ ↘
Ele liga / Ele não liga / Ele liga / Ele não liga

- Ele liga → Diz sim → 2º encontro
- Ele não liga → Você liga para ele → ele diz não **PARE**
- Você liga para ele → 2º encontro
- Ele liga (não gosta) → Diz sim → 2º encontro
- Ele não liga (não gosta) → Você liga para ele → ele diz não **PARE**

4. Em um primeiro encontro, as pessoas sempre exibem um comportamento errático por nervosismo, ou agem no modo de segurança, escondendo quem realmente são para parecerem "normais". Com cada homem, você precisa descobrir e incentivar os verdadeiros padrões de comportamento.

Conforme-se e aceite que, se você está saindo para um primeiro encontro, haverá um segundo, quer você goste dele ou não. Sendo assim, cancele o pedido de prontidão, aquele telefonema de "emergência" feito pela sua amiga nos 45 minutos do primeiro encontro.

O princípio também serve para desabilitar sua incansável função primeiro encontro. A Julgadora Constante. Você não vai passar o primeiro encontro enumerando todos os motivos pelos quais nunca mais sairá com ele novamente, tentando encontrar um jeito de escapar o mais depressa possível. Em vez disso, você vai começar a procurar automaticamente por alguma coisa da qual possa gostar nele, de forma que passe a suportar a ideia de sair com esse homem outra vez.

Quem é Pete? Nós nos conhecemos por intermédio de um anúncio pessoal e nos demos bem logo no primeiro telefonema. Em nosso primeiro encontro, ele estava agitado; acho que esqueci de mencionar que eu era chinesa, e ele disparou: "Ah, eu não sabia que você era *oriental*." Suspiro. Isso poderia ter sido suficiente para me fazer girar sobre os calcanhares e sair. Mas fiquei para a agradável refeição, um tempo durante o qual ele se desculpou intermitentemente pelo comentário e pela reação chocada. Eu disse a ele várias vezes que estava tudo bem, mas, finalmente, ele chegou ao extremo de tirar o sapato e segurá-lo sobre a mesa, *enquanto nossa comida ainda estava ali*, para me mostrar que o calçado havia sido feito na

China, o que, supostamente, comprovava que ele não era racista. Oh, não...

Mas, com base em meu compromisso com o mínimo dos dois encontros, saímos novamente. E em nosso segundo encontro, ele notou meus joelhos, ligeiramente marcados por um incidente relacionado à prática de patinação, e com aquela falta de autocensura, disse: "Puxa, adoro mulher com joelhos esfolados." Oh-oh. "Isso mostra que ela não tem medo de sair por aí e viver a vida." Ponto para você, Menino Sapato! Aquele comentário desajeitado serviu para me deixar menos constrangida... Não, orgulhosa dos meus joelhos sempre esfolados e cobertos de cicatrizes. Sua grande boca destituída de mecanismos de edição acabou se transformando em uma qualidade encantadora. Não me casei com ele, mas sou grata a Pete, realmente. Muito obrigada pelo Encontro nº 2, Pete.

Procurar pelo melhor em alguém é uma grande coisa para se praticar e faz de você uma companhia mais agradável, digna da recompensa de um jantar com comida japonesa. Além disso, por causa da validação que é inerente a aceitar ou promover um segundo encontro, vocês dois vão se sentir mais confortáveis e mais vocês mesmos na próxima vez em que estiverem juntos. Validação é tão agradável de dar quanto de receber. Validação é uma forma de amor íntimo, incondicional e universal, com que você pode contar.

> *Então, mesmo que eles não telefonem para você, sete dias depois de seu encontro é sua responsabilidade telefonar para eles e perguntar se gostariam de sair novamente. Só se eles recusarem esse segundo encontro você pode pular esse Princípio com um Homem-projeto, removê-lo de seu Gráfico Mantris e escolher um substituto.*

O paradoxo da conversa

> **Príncipio nº 4:** inicie a conversação, mas não inicie "A Conversa".

Uma Projetista4H não tem medo de se aproximar de um homem. Ela inicia a conversação e brilha quando é necessário. Em encontros, ela se revela curiosa sobre os outros. Porém, as seguintes perguntas declarações, ou qualquer coisa que se aproxime delas ou as insinue, são proibidas durante O Plano:
"Aonde acha que isso vai nos levar?"
"Como você se sente sobre nós?"
"Você está preparado para compromisso, casamento, bebês, uma hipoteca, poupança para a faculdade etc.?"
Nós mulheres temos a tendência de formular essas perguntas CEDO DEMAIS e no momento em que, muito provavelmente, o homem ainda nem pensou sobre elas. Esse tipo de discussão os apavora e afugenta quando é introduzida prematuramente. A melhor maneira de evitar falar sobre essas coisas cedo demais é esperar até que ele esteja pronto. Suas fantasias a respeito de um futuro imaginário com ele, ou suas queixas sobre os pequenos pecados desse homem e como eles podem interferir em sua capacidade de criar e educar filhos devem ser mantidas entre você, suas amigas, seu psiquiatra e seu diário.

O paradoxo da conversa

"Se A é igual a sucesso, então a fórmula é:
A = X + Y + Z.
X é trabalho. Y é diversão.
Z é manter a boca fechada."

— ALBERT EINSTEIN

> Quanto menos tempo você passa falando sobre seu relacionamento, mais tempo passará realmente tendo um relacionamento.

Parte desse princípio é deixar os Homens-projeto descobrirem suas respostas a essas questões sozinhos. E, por incrível que pareça, fazerem essas mesmas perguntas a VOCÊ. Se um Homem-projeto iniciar essa conversa, responda de maneira sincera, com seu coração imenso e amoroso. Esse passo vai se tornar muito importante quando chegarmos à joia do coroa entre os homens. O Homem Três e Meio.

Pise no freio com relação à "Conversa". Deixe que eles a iniciem.

O pêndulo de Lu

> **Princípio nº 5:** enquanto você está realizando O Plano, um ato que é percebido como "bom" de acordo com os padrões do Plano pode ser seguido por um ato percebido como "ruim".

Há um motivo pelo qual a malhação é sempre seguida por sorvetes com cobertura quente de chocolate, e prazos cumpridos são sempre seguidos pelo mal uso de licença por doença.

A essência do pêndulo de Lu é a seguinte: quando estiver seguindo os princípios do Plano com os quais ainda não estiver habituada, não se surpreenda se tiver uma reação adversa. Por exemplo, você pode se sentir forçada a participar de um agradável segundo encontro numa determinada noite com alguém "encantador", mas que não é seu tipo, e depois se sentir no direito de ir para a cama com seu ex bêbado e cafajeste na noite seguinte. Você pode ser delicada e graciosa quando seu Homem-projeto favorito aparece de surpresa em um dia qualquer, e mandar um stripper gay ao escritório dele no dia seguinte.

Até algo como o ângulo Garota das Garotas, por exemplo, se tornar uma resposta natural promovida por sua noção de integridade, não algo imposto a você por *um livro qualquer* escrito por *uma garota* que *nem médica é*, você, provavelmente, vai atuar e representar na maioria das vezes. É legal — apenas certifique-se de estar sempre em contato com você, de tentar fazer o que é favorável para seu eu mais autêntico permanecer centrado, em equilíbrio.

O segredo é pensar que você merece um troféu por fazer alguma coisa que, no fundo, sabe ser certa, de qualquer forma, como dar uma chance a um rapaz agradável, mas que só tem uma sobrancelha, ou não ir para a cama com o namorado de sua companheira de quarto no alojamento da faculdade. E, ao mesmo tempo, não se puna por um deslize, como mostrar a um rapaz seu livro de planejamento nupcial logo no primeiro encontro, ou escapar de um necessário segundo encontro. Se você sabe que está agindo de acordo com sua real noção de integridade, siga em frente; se cometer algum erro, examine seus motivos e retome de onde parou. Não desista por causa de uma escorregada. Não volte a fumar um maço por dia só porque acendeu um cigarro em um momento de estresse. Retome o programa, porque você sabe que, no final, ele funciona em prol de seus interesses. Humildade e perdão são dois conceitos excelentes para praticar com você mesma, e irão levá-la para muito mais perto da possibilidade de atrair um parceiro que saiba como fazer o mesmo.

E se eu cometer um deslize grave?

O Projeto Quatro Homens existe para fornecer um conjunto de diretrizes pelas quais você pode se avaliar. Não existe uma Polícia P4H e não é necessário seguir sempre o plano ao pé da letra para obter resultados. Depois de um tempo, quanto mais natural O Plano passa a ser, menos erráticas se tornam as alterações. O pêndulo deixará de ser uma espécie de montanha-russa e se transformará em um sinalizador do confortável ritmo de seu crescimento contínuo.

Pêndulo de Lu

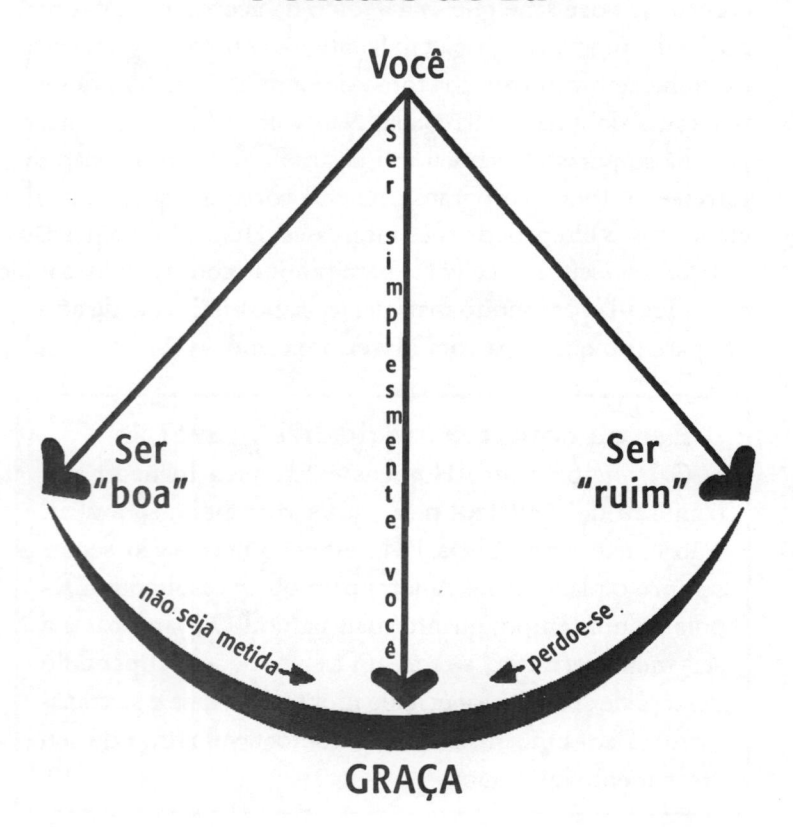

Você

Ser simplesmente você

Ser "boa"   Ser "ruim"

não seja metida →   ← perdoe-se

GRAÇA

A escada para o término

> **Princípio nº 6:** romper com um Homem-projeto não cabe a você.

Romper com alguém ou se afastar de um homem porque você sente que "não há química" ou para "preservar seus sentimentos" ou porque você não consegue ver "a relação indo para algum lugar" não é permitido. Só existem cinco motivos que permitem romper com um Homem-projeto:

1. Ele faz você sentir A Repulsa.

Use sua intuição — ela é sua primeira linha de defesa. Para aquelas cuja intuição pode ser um pouco imprecisa com relação aos assuntos do coração (você é péssima no amor), aqui vão algumas diretrizes. A Repulsa pode incluir:

a. **Aquele sentimento específico que faz você se sentir mal com você mesma de alguma forma.** *(Isso não inclui sentir-se uma pessoa cruel porque você poderia esmagar esse homem tão doce como se fosse um inseto.)* Eles de alguma forma a desencorajam ou depreciam? Cobiçam outras mulheres e acreditam que você não percebe? Fazem você se sentir um pedaço de carne?

b. ***Eles conseguem tratar você como um lixo e ainda a fazem se sentir culpada por isso.*** Essa é uma tática sutil de um agressor. É o clássico "Olha o que você me fez fazer!" Corra!

c. **Eles evidentemente não são sinceros, amorosos, ou disponíveis.**
- Não são sinceros = mentirosos. Porém, não perca tempo com suspeitas. Presuma sempre que você está ouvindo a verdade. Mentirosos não conseguem se sair muito bem competindo com homens sinceros, e normalmente se retiram do Plano de maneira natural e espontânea.
- Não são amorosos = idiotas. Mais uma vez, é muito mais fácil identificá-los em meio à competição. Isolados, eles podem parecer o atraente "bad boy".
- Não disponíveis = inflexíveis, irredutíveis, desconfortáveis com novas coisas e novas ideias, cretinos que sentem necessidade de que tudo seja feito sempre à sua maneira. A longo prazo, você vai odiar esse sujeito, por mais que ele tenha parecido bom na teoria.

d. **Conflito de gerações.** Se o intervalo exceder 15 anos em um ou outro sentido, é melhor reconsiderar, com ou sem A Repulsa. A idade é um exercício de atitude e estilo de vida e, atualmente há garotos em corpos de 60 anos de idade e adolescentes muito sábios. Portanto, deixo essa escolha para você. Se está vivendo em mundos diferentes com relação à maturidade e sabedoria, você pode preferir negar o fator sim por causa disso. Mas ninguém deve excluir outra pessoa simplesmente por causa de um número. Seja o valor referente a idade, ao salário, ao CEP. Tudo bem, talvez um número de identificação na casa de detenção, mas é só isso!

e. **Eles fazem você temer por sua segurança.** Definitivamente, experimente coisas novas, mas não faça nada que você sinta que possa colocá-la em risco. Use o bom senso e mantenha-se segura.

> **O que NÃO é A Repulsa.** O sentimento ruim que você experimenta porque ele tem uma entrada que prenuncia calvície, porque usa calça de pregas, ou porque não sabe pronunciar corretamente o nome de seu vinho favorito. Isso é só você sendo idiota.

Se você não tem certeza de que um Homem-projeto se qualifica para A Repulsa ou não, deve aderir ao **Mínimo de dois encontros**.

Se você tem certeza de que ele se qualifica para A Repulsa e ainda quer mantê-lo por perto, vá em frente. Você pode ter um mestre da repulsa no seu gráfico em qualquer momento do Plano. Na verdade, as mulheres que são péssimas no amor sempre ADORAM OS REPULSIVOS. É excitante, reconfortante e sinistramente familiar. É claro, entendi. Há algo muito bom em sair com alguém que simplesmente não consegue fazer nada direito. *Porque então você consegue ser a pessoa melhor.* E quando você é a pessoa melhor, pode trabalhar nos erros dele, não nos seus. Ah, muito mais fácil.

Além do mais, se o tipo A Repulsa é o *seu* tipo, manter um no gráfico ajuda você a direcionar as comparações. É uma poderosa ferramenta de aprendizado. Isto é, você vai se sentir muito mais poderosa quando finalmente aprender que ele é uma ferramenta.

2. Eles saem sozinhos.

Tudo bem, isso pode ser motivo de sofrimento. Mas você ficaria surpresa com como realizar o P4H pode ajudar a suavizar esse golpe. Perder um prato em um bufê é muito mais fácil de aceitar do que cozinhar um assado primoroso. Você não pode perseguir um Homem-projeto desistente, exceto pelo telefonema relacionado ao Mínimo de dois encontros. Uma Projetista4H não persegue, não implora, não assedia. Você não pode responder com e-mails vingativos nem telefonemas chorosos. Simplesmente não há tempo nem energia a desperdiçar.

Um Homem-projeto desistente pode, porém, retornar ao Plano por vontade própria. Se ele pede para voltar e você tem espaço em seu gráfico, você pode aceitá-lo. Só precisa decidir seu novo valor e rebaixá-lo, se for necessário (ver página 150).

3. Eles são espremidos para fora do plano por falta de espaço.

Digamos que você é uma Projetista4H tão boa que conseguiu um Gráfico Mantris cheio. Você pode remover o Homem-projeto de sua escolha para abrir espaço para um novo Homem-projeto. Então, se você realmente quer se livrar de alguém, contrarie os Métodos de Coleta e o Fator Sim e expulse-os da grade. Homens previamente removidos podem retornar a seu pedido, ou se eles a procurarem novamente mais tarde, quando você tiver espaço em seu Mantris.

4. Seu novo 2 ¼ expulsa seu antigo 2 ¼.

Como é que é? Deixe-me explicar: digamos que você sai com Bobby, seu Homem Inteiro favorito, e durma com ele. Depois você conhece Jimmy e, opa, dorme com ele também. Então, Bobby precisa ser expulso de seu Gráfico Mantris para NUNCA MAIS VOLTAR.

Sim, é isso mesmo; não só você só pode dormir com um Homem-projeto de cada vez, mas, se ele *era* seu Dois e Um Quarto, e mais alguém é promovido a Dois e Um Quarto, o Homem-projeto anterior deve ser removido do gráfico para **nunca mais voltar. Ele não pode ser simplesmente rebaixado, ele está FORA: PARA SEMPRE.**

Vamos dizer a mesma coisa de outra maneira: Não durma com o Homem nº 1, e depois com o nº 2 pensando que vai voltar a dormir com o Homem nº 1 na próxima vez em que sair com ele. NÃO. NÃO. NÃO. O novo Dois e Um Quarto elimina TODOS os homens com quem você dormiu antes dele. **Sendo assim, remova-os com sabedoria.**

POR QUÊ? É aqui que sento na mesa do chefe por um minuto: porque o Projeto Quatro Homens trata de (1) conquistar e manter respeito, dos homens e de você mesma, e (2) progresso. Então, se você pudesse mudar seus Dois e Um Quarto para frente e para trás, não haveria nada para impedi-la de dormir com vários homens diferentes. Isso criaria toneladas de drama, deixaria você confusa, e a envolveria emocionalmente com homens que não iam mesmo querer ter um relacionamento monogâmico com você, porque pensariam que você é uma garota interessada somente em sexo, e isso a levaria de volta ao ponto de onde começamos.

Qualquer homem com quem você tenha dormido e depois dispensado para dormir com outro homem não é alguém com quem você realmente teria uma chance de relacionamento duradouro. POR QUE NÃO? Porque bons homens, homens como Chuck, consideram doloroso, desagradável, desrespeitoso e um golpe contra o orgulho masculino o fato de você querer ter outro alguém depois de ter estado com ele. Na cabeça deles, a purificaram fazendo sexo com você e agora você foi se conspurcar novamente. Piolhos de pênis, lembra?

> **E quanto a trios e orgias?**
> Se você tem alimentado fantasias a respeito disso e ainda está sozinha, recomendo que vá em frente. Não espere até estar em um relacionamento há cinco anos para bater na testa e dizer: "Nunca fiz sexo a três." Porque, então, será TARDE DEMAIS. Se surgir a oportunidade e ninguém for sair magoado, vá em frente. Mas saiba que aquelas outras duas pessoas, sejam elas homem/homem, homem/mulher, enfim, o que forem, essas pessoas estão fora assim que as luzes se acenderem. Acredite em mim, você não vai querer tomar o café da manhã com elas, muito menos tentar um relacionamento com qualquer uma delas.

A regra Chuck também obriga você a esperar e escolher para promover um Homem-projeto a seu 2 ¼ muito cuidadosamente.

O Projeto Quatro Homens é um jogo de atrito no qual peças são removidas do tabuleiro quando perdem seu lugar.

5. Eles são inviáveis.

Por exemplo: ele já está numa relação monogâmica, é gay, sacerdote, seu aluno do oitavo ano etc.

Inviável significa inviável. Isso não deve torná-lo mais delicioso, deve fazer com que ele tenha cheiro de esterco.

Visualização da escada para o rompimento

- A Repulsa
- DESISTENTE
- ESPREMIDO PARA FORA
- REMOVIDO (PELA REGRA DE CHUCK)
- INVIÁVEL

Ele deve ser removido ou rebaixado?

Justamente quando você pensava que estava ficando complicado:

> Um Homem-projeto pode ser relocado para um valor inferior sem ser inteiramente removido de seu Mantris.

Aqui vão alguns cenários:

A. Um Homem Inteiro deixa a cidade por um período prolongado de tempo. Remova-o para Metade ou mesmo para Um Quarto se ele se mudar permanentemente.

B. Um Homem-projeto de qualquer valor revela que está dormindo com outra pessoa, embora insista em dizer que NÃO é uma relação monogâmica. Ele pode ser removido, rebaixado, ou permanecer no mesmo lugar. Faça como quiser. O piolho de vagina é quase tão ruim para as mulheres quanto o piolho de pênis para os homens. Só você pode saber que nível de pureza requer para o potencial desse relacionamento em particular.

C. Você realmente gostou de Eduardo e ele foi *mucho caliente*, por isso você dormiu com ele, transformando-o em seu Dois e Um Quarto. Mas acontece que ele não tem muito tempo para encontros no momento. Nesse ínterim aparece Harold, que é REALMENTE UM AMOR, tem muito tempo para você, não se importa de ir com calma na relação; ele pode ser o futuro Sr. Você, mas, oh, ele não é seu tipo para ir para a cama. Ele não se incomoda por você estar saindo com outros homens, mas você tem certeza absoluta de que ele ficaria arrasado se descobrisse que você está dormindo com outra pessoa. Mas, droga, Eduardo é tão GOSTOSO, que você não está preparada para removê-lo definitivamente em favor dos sentimentos de Harold. O que fazer?

Você pode rebaixar Eduardo para Homem Inteiro (o que significa voltar a usar roupas e se manter num ângulo de noventa graus!), dando a eles o mesmo status, desde que não promova Harold para um 2 ¼. Se isso acontecer, Eduardo será removido, inclusive de seu status de Homem Inteiro.

D. Joey já foi anteriormente seu brinquedinho 2 ¼, mas agora você está interessada em profundidade. Você adora tudo nele, exceto que ele também está dormindo com outras mulheres, e de repente isso não é mais tão aceitável para você. Como se separar da matilha? Continue vendo Joey, mas pare de dormir com ele. Explique a situação e rebaixe-o para Homem Inteiro. Preserve seu coração e deixe-o saber que você é especial. Se remover a opção de ir para cama o faz decidir que ele não quer mais passar tempo com você, então, pelo menos você vai estar de pé quando souber qual é sua real situação com esse homem.

10. CONCLUINDO O PLANO

Não vamos fazer como os rapazes e ficarmos todas excitadas com um plano e não ter uma saída estratégica.

> "A paz não pode ser mantida pela força. Ela só pode ser alcançada pela compreensão."
> — A.E.

Concluindo o Plano

Deixar de ser péssima no amor é uma conquista para toda a vida. Justamente quando você pensa que dominou a situação, o nível seguinte se mostra. Não é diferente do Pacman. Você vence algumas telas, e de repente encontra o Pacman; você se aprimora nessa fase, consegue vencê-la, e então vem o Junior... e assim por diante. Você sempre pode superar seu próprio recorde.

A realização do Projeto Quatro Homens não deve ser algo que se prolonga indefinidamente. Sugiro que você se proponha a etapas que durem de quatro a seis meses. Algumas projetistas4H concluem o curso na primeira etapa, outras repetem o semestre no verão e fazem uma reciclagem alguns anos mais tarde, e há aquelas que simplesmente fazem um exame de equivalência.

Existem três maneiras de concluir O Plano de maneira bem-sucedida.

Conclusão nº 1:
Seu objetivo final, o Homem Três e Meio

Vencedor! Vencedor! Jantar com lagosta!

Esse cara realmente marcou pontos. Ele competiu com vontade e conquistou seu coração. Ele mostrou a você uma conexão que você pretende levar para o futuro com alegria. Ele a faz sentir a criatura incrível, linda que você é, e você está descobrindo e desenterrando a pessoa que você de fato é quando está com ele.

Existem cinco componentes para o Homem 3½. Ele é:

1. SINCERO
2. AMOROSO
3. DISPONÍVEL
4. Ele expressou um interesse direto em um relacionamento monogâmico com você. E você quer o mesmo dele.
5. Você o ama.

Ele tem pelo menos UM de seus requisitos originais para rompimento, mas você está maluca por ele.

Ele não é perfeito, mas você também não, e vocês podem expressar isso um ao outro e se sentir confortáveis. Ou, melhor ainda, vocês podem rir disso.

Ele brilha em comparação aos outros Homens-projeto e facilita para você a missão de desistir de todos os outros.

O diagrama Venn do Homem 3 ½

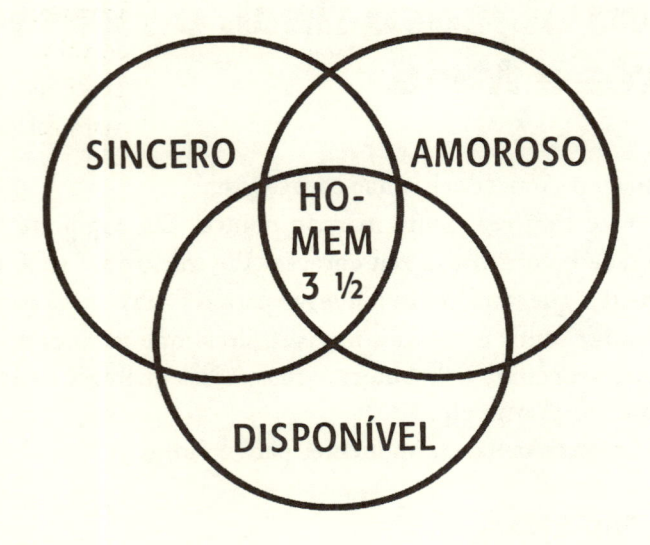

```
        SINCERO      AMOROSO
              HO-
              MEM
              3 ½
           DISPONÍVEL
```

Por que ele é só Três e Meio e não Quatro? Você já deve ter percebido a essa altura que nenhum homem pode suprir todas as suas necessidades.

Encontrar um homem Três e Meio é uma proposta árdua que deve ser abraçada.

Agora é hora de você abrir mão dos outros homens com dignidade e encerrar O Plano. Diga aos outros Homens-projeto: **"Gostei muito de sua companhia, mas decidi ser monogâmica."** E agora você está fora, Escoteira!

Aviso: se as coisas não funcionarem com o Sr. Três e Meio, sugiro que espere pelo menos três meses (uma estação) antes de começar O Plano novamente. Você vai precisar reavaliar, encontrar outras garotas, e/ou fazer algumas sessões de terapia antes de estar preparada para refazer o Gráfico Mantris.

Tudo isso dito,
ESTOU TÃÃÃÃO FELIZ POR VOCÊ!!!!
No fim do dia, o amor é o único jogo que importa.

Conclusão nº 2:
O Plano sem plano, ou a grafectomia

Então você aprendeu algumas coisinhas e está pronta para abandonar o ritmo acelerado do Gráfico Mantris e relaxar. Adoro isso! Talvez você tenha aprendido que conhecer homens não é tão difícil quanto você imaginava e que namorar pode ser muito divertido. Você não é mais obsessiva, descobriu que não se incomoda de ele ter um furão como bicho de estimação ou uma risada esquisita, pelo menos, não tanto quanto pensava, e desenvolveu limites claros. Fan-mara-tástico! Mantenha-se uma Garota das Garotas e continue procurando por aquele grande partido para você. Obrigada por ter brincado!

Conclusão nº 3:
Solteira com sucesso

Há muitas mulheres que simplesmente começam a desenvolver o Plano para descobrir alguma coisa, curar um coração partido, ou simplesmente provar para ela mesma que ainda é capaz. Espero que sua pesquisa a tenha feito entender que você é uma mulher sexy e atraente com muita coisa para oferecer ao mundo. Ainda não é hora de se assentar — ser solteira é muito divertido. Voe, seja livre!

> "Que todo homem seja respeitado como um indivíduo e nenhum homem seja idolatrado."
> – ALBERT EINSTEIN

11. COMO APLICAR O PLANO

Como o Projeto Quatro Homens funcionou para mim.

> "Ciência é algo maravilhoso se não se tem de ganhar a vida com ela."
> — ALBERT EINSTEIN

Minha aplicação do P4H

Comecei com um jovem bartender com um abdome espetacular: **O Homem Abdome**. Tive muita dificuldade para superar meus antigos padrões, e imaginei que, pela maneira como havia estruturado tudo aqui, essa podia ser minha última "transa abdome". Assim, em nosso segundo encontro, ele se tornou meu Homem 2¼.

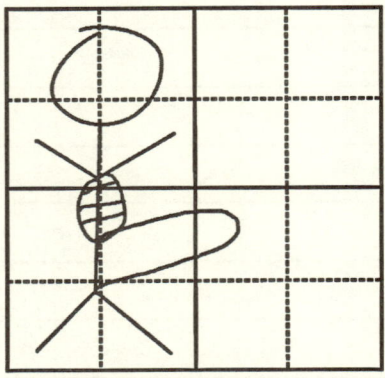

Pouco depois, fui apresentada a um romântico rusticamente lindo que vamos chamar aqui de **Homem Marlboro**. Ele era moderadamente famoso, vivia em festas e tinha mãos calejadas, mas suaves.

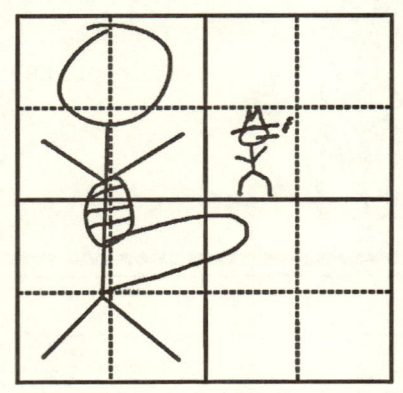

Então, **Vishnu** e eu nos conhecemos e nos aproximamos em um retiro chi gong. O final de semana que passamos juntos deveria tê-lo qualificado como Homem-metade, mas, como eu precisava aplicar o Redutor do Forasteiro, ele permaneceu Homem Um Quarto.

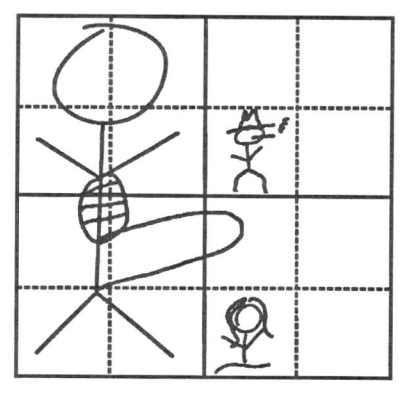

Eu estava sem fazer nada no quintal de casa, me distraindo com os cachorros, quando vi **Malaka Hiki Hi**. Sim, realmente conheci um homem sem sair do meu quintal. Ele estava hospedado na casa de meu vizinho. **Malaka Hiki Hi** era um havaiano que adorava fazer compras comigo e era tão adorável que eu acabava esquecendo que ele piscava para as pessoas e apontava para elas com as mãos em forma de pistola.

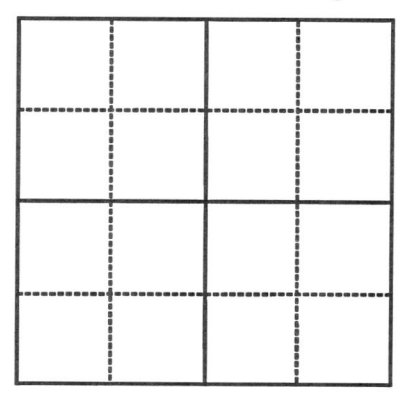

O **Homem Abdome** logo provou a validade do **Índice de espera por sexo**. No quinto encontro, não dissemos nada, transamos, e depois não consegui convencê-lo nem a me levar até o carro. Ele precisava ser removido. Assim, eu trouxe de volta **Romeo**, com todos os seus problemas e defeitos.

Não muito tempo depois disso, **Malaka Hiki Hi** disse que me AMAVA. Achei aquilo adorável, e aceitei a declaração. Ele foi promovido a **Homem Inteiro**.

O Homem Marlboro passa por **Malaka Hiki Hi** no portão quando está chegando para me apanhar para o nosso terceiro encontro. Eles param, se encaram e trocam um aperto de mão cheio de respeito. Depois de ter descoberto recentemente que estava competindo, ele provou que cavalheirismo e o **Teorema de Disney** estavam vivos e bem.

Atenção! Aqui você vê um **Mantris** cheio e perfeito, com um objeto de cada valor, o que é tudo que uma garota pode ter. Mas o gráfico é um organismo vivo, pulsante, que continua encantando e surpreendendo.

Vishnu foi **espremido para fora** do plano quando uma amiga minha me apresentou a **Nick**, que era, Deus o abençoe, um mímico, uma categoria de homens que antes eu considerava repelente. Mas ele me fez rir quando, para me beijar, fingiu estar me escalando como uma árvore.

No meu segundo encontro com **Nick**, **Malaha Hiki Hi** apareceu sem avisar. Nós o convidados para um drinque, e enquanto eu estava no banheiro, **Malaka Hiki Hi** *ataca Nick* e é eliminado por ser inviável, e também, em um acontecimento bizarro, por não manter o ângulo Garota das Garotas. Não foi nada legal.

O Homem Marlboro parece gostar de mim de verdade, então, dei a ele um pouco de ação e o promovi a **Homem Inteiro**.

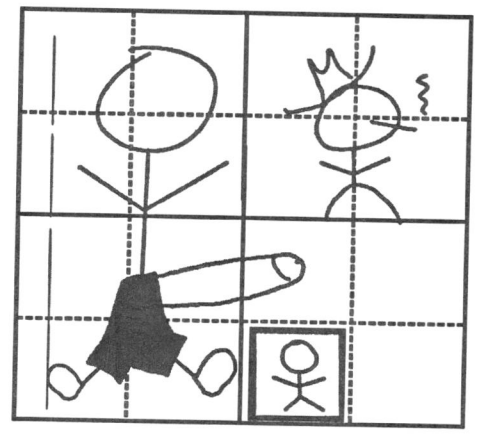

Meu querido amigo **Danny** sempre foi apaixonado por mim. Minha intenção de considerá-lo de um jeito diferente fez dele um **Homem Um Quarto**. Percebi que um homem que tem por você um interesse romântico prefere ter uma fração de chance de se tornar seu amante do que ser seu melhor amigo para sempre.

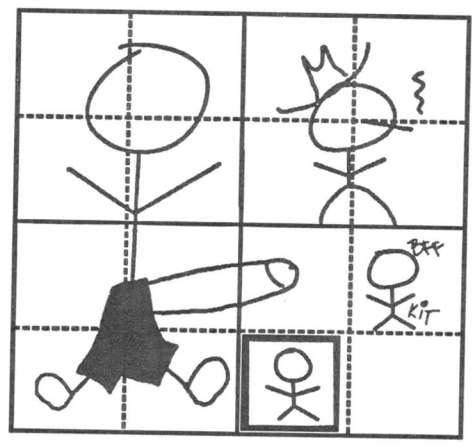

Todos eles eram incrivelmente doces e atenciosos, e eu me tornava uma mulher confiante e que se respeitava, alguém que tinha superpoderes como os de uma deusa. O Plano havia despertado em mim qualidades que eu nem imaginava possuir. Eu era atenciosa e amorosa sem me comportar como prostituta. Era requisitada e desejável sem agir como vadia. Como resultado disso, eu era adorada, respeitada e todo mundo queria estar comigo. Era divertido. Mas, apesar de todos os esforços de todos os homens, eu não permitia que ninguém tirasse de Romeo a posição dominante. Removê-lo significaria perdê-lo para sempre, e nenhum dos outros homens significava tanto para mim.

Não sei ao certo qual teria sido o fim dessa longa equação. Mas, certamente, ela não me prejudicava. Então, eu seguia em frente.

Earl

Cerca de cinco meses depois de ter iniciado O Plano, conheci Earl em um bar. Ele era completamente diferente do meu tipo de homem. Eu sempre havia preferido os morenos, os homens em tons de oliva e castanho, e ele era todo *rosa* e *azul*. Mas eu dispunha de espaço no meu Mantris, por isso, cumprindo meu dever, comecei a conversar e perguntei o que era aquilo que ele estava comendo. Earl me convidou a experimentar sua tilápia e pagou um Manhattan para mim, e tivemos uma conversa muito divertida, surpreendentemente íntima. Dei a ele o número do meu telefone.

Ele telefonou algumas semanas mais tarde, mas, em vez de me convidar para sair, tornou-se um dos meus clientes da prática de cura de energia. (Um assunto para outro livro.) Durante nossa primeira sessão, ele me contou que não chorava havia 15 anos, embora se sentisse sempre muito triste. Ele era SINCERO. Durante nossa segunda sessão, eu tinha minhas mãos em torno de seu chacra do coração e podia sentir seu amor puro, incondicional vibrando entre nós, e foi uma sensação suficientemente poderosa para provocar lágrimas que fizeram seus olhos brilharem.

Trabalhamos juntos durante 12 sessões. Foi intenso e tenro, e um desafio para ambos. Ele era sempre pontual, respeitoso e generoso. E fazia todos os deveres de casa que eu passava, por mais malucos que fossem. O tempo todo, ele sabia sobre O Plano. Ele passou por Malaka Hiki Hi na calçada e até almoçou com Romeo e comigo um dia. Assistir à conversa entre Earl e Romeo me permitiu vê-los de uma forma mais objetiva do que eu jamais enxergara antes. Colocando-os lado a lado, me espantei com como Earl parecia calmo, aberto e cheio de conhecimentos, enquanto Romeo era fechado, cético e carrancudo.

Algumas semanas antes do Natal, Earl e eu concluímos o trabalho de cura e decidimos que aquela seria nossa última sessão. Foi triste, apesar da gratificação do dever cumprido, porque havíamos criado uma espécie de elo entre nós. Quando estávamos nos despedindo, ele me pegou nos braços (e ele mesmo pode confirmar que eu pulei), e quando tentei beijá-lo no rosto, ele virou a cabeça e me deu um beijo que pegou uma pequena parte dos lábios. Então, caminhamos juntos até o portão da minha casa, e eu não sabia se voltaria a vê-lo outra vez.

Foi um beijo rápido, e considerando toda a atenção que eu recebia naquele momento de todos os outros Homens-projeto, nem devia ter me afetado, mas eu estava abalada. Aquele beijo despertou em mim um calor emocional espiritual e sexual que eu não conseguia abrandar. Ele era AMOROSO. Eu me debatia com a ambiguidade moral de ter sentimentos dessa natureza por um cliente. Tentava comer, telefonar para as amigas, sair com os outros Homens-projeto, enfim, esquecer Earl, mas era impossível.

Lancei mão do I Ching, um antigo texto chinês usado para adivinhação, minha bússola moral e meu guia absoluto em tempos de confusão, e perguntei: "Quem é Earl para mim?" enquanto jogava as moedas, "Quem é Earl para mim?" A resposta foi o Hexagrama nº 48, A Fonte, O Poço: **"Esse hexagrama representa a fonte mais profunda, inesgotável, divinamente centrada de significado e nutrição do centro da Terra."**

Tudo bem, isso era profundo. "Bem, tenho espaço para Earl", disse a mim mesma. "O que ele é? Talvez outro Homem-metade?" Telefonei para ele. "Ah, Earl, desde que nos despedimos, tenho tido alguns pensamentos impróprios a seu respeito e..."

"Estarei na sua casa em meia hora", ele respondeu. E desligou. Ele era DISPONÍVEL.

Earl chegou com uma garrafa de vinho e alguns CDs. Eu gaguejava sobre como era errado estarmos ali juntos, quando caí no truque mais velho do livro: Marvin Gaye. De repente, começamos a dançar, e antes que percebêssemos, estávamos nos beijando. Aquele estranho sentimento de amor incondicional se manifestou novamente, e um momento mais tarde um seio pulsante foi coberto por uma mão ansiosa, e Earl se tornou um **Homem Inteiro** em sua primeira noite como integrante do Plano.

As festas de fim de ano eram um período de intensa agitação com os Homens-projeto: comemorações em família, confraternizações no escritório e encontros românticos. Earl havia ido para Minnesota passar o Natal com a família, mas me telefonava todos os dias para continuar no jogo, entrando em contato da igreja, do shopping, fazendo um inegável esforço de longa distância. A véspera de ano-novo se aproximava depressa. E aquela não seria uma noite de ano-novo comum, mas a noite em que 2000 se tornaria 2001, a VERDADEIRA *Noite do Novo Milênio*, o que fazia dela a Copa do Mundo de todas as noites com relação a encontros.

Pensei no que deveria fazer naquela noite: "Com quem devo estar?" E ouvi aquela voz retumbante dizer: **"Vá para o Leste e fique com a natureza."** Isso é muito típico da minha retumbante voz interior. Ela nunca diz simplesmente: "Vá àquela festa com Danny." Não, ela tem sempre de ser cifrada e misteriosa, tem sempre de exigir interpretação. Mas ela nunca está errada, por isso esperei para ver que ofertas surgiriam.

Todos os Homens-projeto me convidaram para uma celebração de ano-novo. Fui convidada para ir a uma festa com um deles, e todos os outros tinham propostas para encontros românticos. A oferta mais interessante foi a do Homem

Marlboro, que me convidou para ir andar de caiaque nas ilhas Channel. Natureza! Mas isso ficava no Oeste. E havia Earl, telefonando todos os dias do Meio-Oeste. Com sobrinhas e sobrinhos gritando ao fundo, ele perguntou o que eu gostaria de fazer na noite de ano-novo. Sujeito esperto. Respondi: "Não sei ao certo, mas tenho de ir para o Leste, e certamente quero estar em contato com a natureza." Ele decidiu: **"Tudo bem, vamos pegar tudo de que precisamos para estar em contato com a natureza e viajar para o Leste."** Ele ganhou a noite, porque, apesar da minha imprecisão, ele acreditava em mim e estava absolutamente *disponível* para fazer um esforço somente para estar comigo.

Passamos a noite de ano-novo procurando por... alguma coisa. Não sabíamos o que era, mas eu sabia que reconheceria quando visse. Passamos por acampamentos lotados e hotéis baratos de beira de estrada. Nada era o ideal. Depois de horas procurando, apontei para um ponto. Até eu me surpreendi ao ver em que direção meu dedo apontava: uma formação rochosa triangular com placas indicando que era ilegal acampar ali. Earl é o tipo de indivíduo que cumpre a lei, mas um olhar meu foi o suficiente para trazê-lo para o lado sombrio. Paramos o carro e acampamos num lindo local cercado pelas rochas vermelhas do Parque Nacional de Joshua Tree, como se fôssemos as únicas duas pessoas na superfície de nosso belo planeta. Earl montou nossa barraca, preparou nossa cozinha de camping, e depois escolheu um local atrás de um arbusto onde cavou nosso vaso sanitário. Enquanto isso, eu arrumava nossa cama, preparava o jantar e explorava o ambiente. Havíamos criado uma casa natural bem protegida, inteiramente funcional. Uma das casas mais adoráveis que eu já tinha visto na vida, e um sino repicou em minha cabeça. *"Esse cara seria um ótimo marido."*

Naquela noite subimos ao topo de uma rocha plana e gelada para observar as estrelas viajando pelo céu. Havia tantas, que desistimos de contá-las e começamos a nos beijar para receber o Novo Milênio. E com chapéus e botas ainda em seus devidos lugares, Earl se tornou meu Homem Dois e um Quarto.

Na manhã seguinte, bem cedo, me levantei em silêncio, saí da barraca, olhei para o céu, e perguntei: "O que vou fazer com esse homem?" E com clareza assustadora, a voz retumbante respondeu: "**Dê a ele cinco anos.**"

"Que diabo significa isso?", indaguei. Mas não houve mais nenhuma resposta. A voz retumbante não aprecia meus comentários sarcásticos.

No dia seguinte, em mais um de meus caprichos, fomos até Deep Creek Hot Springs. Caminhamos até o rio, onde havia vários banhistas nus espalhados pelas diversas piscinas naturais. Nós nos despimos e nos juntamos a eles.

Ficamos lá até estarmos sozinhos, e já estava escuro. A lua estava cheia. Deitada em uma piscina rasa, olhei para cima e vi Earl segurando uma garrafa com água que ele recolhera *na fonte*, na nascente, um buraco na rocha de onde jorrava água mineral quente do centro da Terra. Ele se ajoelhou e, com delicadeza espantosa, despejou aquela água sobre minha cabeça e meu rosto, depois sobre meus ombros e no peito. Uau. Nunca antes eu havia me sentido mais pura ou nutrida. O I Ching e minha voz retumbante estavam certos outra vez.

Quando voltamos, removi Romeo do Plano. Foi um adeus cheio de ternura, e nós dois choramos. Ele acreditava que finalmente havíamos nos encontrado naquela relação tão perfeita de múltiplos parceiros, e eu sabia que estava perdendo meu último sujeito da Cruzada. Até hoje, posso afirmar sinceramente que ainda o amo profundamente pelas lições que me ensinou.

Depois disso, O Plano continuou, mas era como se eu estivesse sempre escolhendo Earl aos outros Homens-projeto, ou como se ele fosse sempre aquele que se fazia disponível. Ele era ótima companhia em festas, não se incomodava de ir fazer compras e não conhecia nenhuma outra Cindy. Ele se tornou meu melhor amigo.

Essa situação se prolongou por cerca de um mês, e então, ele disse: "Cindy, sei que sou um entre quatro, mas gostaria muito de que fôssemos só nós dois, porque, para mim, você é a única."

O quê? Um homem sugerindo monogamia?

"É mesmo? Por quê?", questionei.

"Porque amo você, An-Pai." Um sorriso tímido iluminou seu rosto.

Como muitos anos atrás com Chuck, fechei os olhos e inspirei profundamente.

Dessa vez, aquele sentimento tranquilo de amor inundou meu coração, e não havia nada de assustador nele. Eu também queria que fôssemos só nós, e estava pronta para isso.

"Também amo você, Earl."

Eu abandonei os outros homens. Encerrei O Plano. Aquele garoto do Meio-Oeste havia saído do nada, e com eficácia inquestionável, ele se tornou meu Homem Três e Meio.

Depois de alguns meses, levei Earl para conhecer minha mãe.

Ela o olhou de cima a baixo, a testa franzida e o rosto expressando incredulidade. Juro que ela se inclinou para cheirá-lo, para ter certeza de que ele era real. Depois, deu seu veredicto: "Ooooooh, eu gosto de Earl. Posso dizer que ele é um *homem bom*. Onde o conheceu?"

"Bem, desenvolvi um Plano e, ah, eu... quero dizer, nós... Bem, acho que tivemos sorte, só isso", respondi.

Quatro anos e meio se passaram e, finalmente, ficamos noivos. Nesse período, compramos uma casa, perdemos nosso adorado gato para um câncer, adotamos um terceiro cachorro, fizemos muita terapia e abrimos mais dois novos negócios. Somos companheiros de equipe e amantes, melhores amigos e cochefes.

Eu o amo perdidamente.

Sessenta e cinco por cento do tempo.

No restante do tempo, ele ME DEIXA MALUCA.

Aquele comentário "Dê a ele cinco anos" ecoa nos meus ouvidos. O que podia significar? Como ele poderia ser meu príncipe encantado? Os contos de fada nunca dizem que "viveram felizes para sempre DOIS TERÇOS do tempo"!

Mesmo assim, Earl nunca saiu do meu lado.

Um casamento na praia

Então, aquela coisa realmente estranha aconteceu no Dia do Trabalho de 2005. Fomos convidados para uma festa na praia. A única coisa realmente divertida para se fazer naquela festa em particular era jogar voleibol. Meu nível de irritação com Earl atingia seu ponto de fervura. Eu me descobria chamando-o de lado por qualquer coisinha. Via Earl tentando acertar a bola e tudo que conseguia pensar era como ele era ruim em esportes com rede.

Tênis, por exemplo. Ele acerta a bola sem girar o corpo ou mover os pés, e tudo que posso fazer é ficar ali parada, olhando, pensando em como aquilo é uma analogia para sua vida de maneira geral. Grito com ele em pensamento: "Antecipe a bola! Acompanhe a rebatida! MOVA OS PÉS!"

Agora ele estava ali jogando vôlei. Rede diferente, bola diferente, mas ele ainda era horrível, e eu ainda estava irritada.

Seu tom de pele rosado ganhava uma coloração vermelho-lagosta por causa do calor e do sol. Ele tenta rebater, erra, cai e machuca a mão. E daquele jeito tão peculiar, como se fosse destituído de emoção, diz: "Ah, machuquei minha mão. Volto já."

Sem deixar que aquilo estrague minha diversão, continuo jogando enquanto ele coloca gelo sobre a área ferida e descansa à sombra da nossa barraca. O jogo termina e vou ver como ele está.

—Tudo bem?

O gelo está derretendo, mas ele ainda segura a embalagem molhada sobre a mão, porém sem fazer força.

— Está doendo. Dói muito.

—Tudo bem, tudo bem.

—Tenho a impressão de que vou desmaiar.

—Tudo bem, então, por que nós não...

Ele deixa cair a cabeça e inspira profundamente, ruidosamente... hhhhhmmmmm... sua respiração se torna ofegante por uns segundos, ele empalidece... e apaga. *Simplesmente apaga!* Segurei o queixo dele, levantei sua cabeça e beijei seus lábios. Nada.

Então, eu me lembro de algo que meu pai me disse uma vez. Eu o vi reanimar um homem que havia sofrido um ataque cardíaco mordendo seu dedo. Perguntei por que ele havia feito aquilo, e meu pai disse: *"Quando o corpo está em choque, ele se recupera se você redireciona a dor."*

Redirecionar a dor.

Segurei o rosto de meu noivo, apoiando-o contra uma das mãos. E usei a outra para esbofeteá-lo.

"Onde você está meu bem?", eu gemia.

Ouvi a voz de minha mãe soando em meus pensamentos:

"Ele nunca vai mudar por sua causa — todos os homens partem!"

Levei o braço para trás e o atingi com outra bofetada. Mais violenta.

A cabeça dele cai para trás. Os olhos reviram nas órbitas.

Minha mente girava depressa. Ele estava morrendo? Havíamos combinado que eu morreria primeiro. Portanto, se ele pretendia morrer naquele dia, devia ter me avisado antes, porque assim eu poderia ter me matado no dia anterior, e assim ele poderia morrer tranquilo.

"Earl! Volte!"

Nada. Eu me desesperei e comecei a gritar.

"SOCORRO! EARL ESTÁ INCONSCIENTE! SOCORRO!"

Eu via todos aqueles caras morenos com seus abdomes perfeitos, todos jogando frescobol e flertando com as garotas, e nenhum deles ia nos ajudar. Eu sabia que, se outra pessoa precisasse de ajuda, o doce e rosado Earl teria sido o primeiro a correr ao local para prestar socorro, independentemente das circunstâncias. Certa vez o vi pular completamente vestido em uma piscina porque um desconhecido bêbado havia tropeçado e caído na água. Já vi Earl apartar horríveis brigas entre cachorros ferozes, e ele massageia minhas pernas até eu dormir quando estou estressada.

Dentre todos aqueles homens na praia, Earl era o único com quem eu queria estar. Ali estava minha pessoa favorita em todo mundo, meu melhor amigo, meu cúmplice, a única pessoa que eu realmente amava ou de quem gostava, e ele estava inconsciente na minha frente. *Não quero viver sem ele.*

Redirecionar a dor. Acertei seu rosto com outra bofetada, empregando toda força de que era capaz... E já estava a um passo de deitá-lo no chão para começar a aplicar massagem cardíaca... quando ele virou a cabeça e piscou, exibindo suas pupilas azuis como lagos. Lágrimas de alívio inundaram meus olhos.

"Benzinho, você quase me matou de susto."
"Acho que desmaiei", ele resmungou.
"É, você desmaiou."
A mão de Earl doía muito, mas ele estava bem. As radiografias não acusaram nada, e ele passou duas semanas com uma tala no dedo. Earl só desmaiou porque não tem nenhuma resistência à dor.
Ele mal se lembra do incidente, mas quando chegamos em casa naquela noite, depois da festa na praia, eu estava diferente. Naqueles 45 segundos em que ele esteve inconsciente, minha vida perdeu todo o significado sem ele, e me senti sozinha no mundo. Agora sei com certeza que não o trocaria por ninguém. De repente, todos os pequenos problemas que temos e todas as pequenas coisas que ele faz e me incomodam já não são tão importantes para mim.
Depois de quase cinco anos juntos, naquele momento, naquela praia, em meu coração, em me tornei esposa de Earl.

Um casamento em Las Vegas

Earl e eu continuamos morando juntos pacificamente, para inquietação de nossos pais. Então, finalmente, em um sábado de fevereiro, Earl e eu acordamos e começamos a brincar sobre aquele ser um ótimo dia para fugir e se casar. Fazíamos piada sobre como seria divertido e continuamos brincando o dia todo, até que, às 18 horas, percebemos que falávamos sério.
Tentamos embarcar em um voo para Las Vegas naquela noite, mas todos estavam lotados. Nós nos sentimos desanimados, mas decidimos que era hora de marcarmos uma data — e teria de ser em breve. Um mês depois, embarcamos no avião para Vegas, acompanhados por 16 amigos do país inteiro e com uma transmissão ao vivo pela internet

para todos que não puderam nos acompanhar. Escrevemos nossos votos e rimos enquanto os recitávamos. Os comentários e boatos eram fascinantes; mais tarde descobri que muita gente especulava sobre eu estar possivelmente grávida. Não. Era só um profundo desejo de dar o grande passo no mais perfeito estilo Earl e Cindy.

Em um jantar antes de nosso casamento, Earl admitiu que estava fazendo tudo aquilo principalmente para me agradar, e que essa era uma motivação suficiente para ele. Mas agora ele diz que, quando me viu caminhando para o altar, fazendo os votos, colocando a aliança em seu dedo e beijando-o pela primeira vez como sua esposa, sentiu sua alma se ligando à minha. Aconteceu com ele naquele momento o mesmo que aconteceu comigo quando o vi inconsciente naquela praia. A partir do momento em que deixamos a capela iluminada em Las Vegas, ele mudou. Como mudei naquele dia na praia. Seu coração foi tomado por uma repentina brandura, e ele não conseguia parar de me chamar de *sua esposa*. "Você é minha esposa. Esta é minha esposa. Olá, esposa." Todas as vezes, ele falava isso com uma ternura, um orgulho e uma intenção que perduram até hoje, para a eternidade, e vivem em meu coração. Naquela capela, do outro da rua na frente de um cassino, no local mais destituído de lei de todo os Estados Unidos, ele se tornou meu marido.

Nós nos fazemos destemidos, sabemos sempre que formamos uma dupla, e estamos constantemente evoluindo e fazendo nosso amor evoluir.

Meu príncipe encantado é um cara alto, rosado e quieto de Minnesota, um homem que tem a cabeça raspada. E eu não olho para outro homem desde então. (Tudo bem, *olho*, mas não passa disso.)

Graças ao Projeto Quatro Homens, saberei sempre que ele ficou para me conquistar, e que o escolhi entre todos os outros homens e acima da minha estúpida Cruzada. E nós dois somos pessoas melhores por isso.

12. PROJETISTA DA PROJETISTA4H

Algumas Projetistas4H e todos os Gráficos Mantris de que você precisará para quatro meses de realização bem-sucedida do Projeto 4H

> Divirta-se, droga!
> — CINDY LU

Histórias de sucesso de Projetistas4H

Quando comecei a receber notícias sobre mulheres que estavam realmente seguindo O Plano, quase tive um ataque. O que começou como uma empreitada pessoal está se mostrando útil para outras mulheres — muitas outras mulheres. Comecei recebendo e-mails de todas as partes dos Estados Unidos e, posteriormente, de todo mundo: lugares distantes como Quênia, Japão, Israel e Rússia. Projetistas4H revelavam-se numa variedade de idades, raças e cenários econômicos e religiosos. Quanto mais garotas escreviam, mas eu me envolvia. Não há nada mais frustrante do que ouvir sua amiga dizer que está apaixonada NOVAMENTE e dessa vez vai dar certo, embora você saiba que não vai, porque ela é simplesmente péssima no amor. Mas não há nada mais SUCULENTO e mais delicioso do que ouvir sobre uma mulher que concilia homens com graça, atenção e em um movimento progressivo. Na verdade, não há nada mais divertido do que compartilhar notícias do plano!

Este capítulo divulga histórias de quatro das minhas Projetistas4H favoritas. Essas mulheres realmente puseram o plano em prática e obtiveram todo tipo de deliciosos resultados. Inspire-se e depois comece a usar os Gráficos Mantris impressos a partir da página 203 e comece seu experimento com O Plano. Faça parte da Evolução do Namoro.

Projetista4H Stella – A ocupada

Stella tem 20 e poucos anos, é atriz e dona do próprio negócio. Ela usou O Plano de maneira criativa e divertida. Pouco antes de usar O Plano, seu primeiro e mais longo relacionamento havia sido com um homem vinte anos mais velho. (Papai?) Desde então, nenhum de seus relacionamentos durou mais do que três meses.

Para Stella, os bons moços eram entediantes, e seus preferidos eram aqueles que a subestimavam, de forma que ela pudesse passar o tempo provando que era melhor do que eles pensavam. No passado, Stella sempre tivera a reação instintiva de ir para a cama logo no começo do relacionamento, por isso, NÃO FAZER A MESMA COISA seria um desafio para ela. "Estou muito acostumada a fazer sexo imediatamente, como uma maneira de dizer, 'Por favor, goste de mim!'", ela contou. Mas ela começava a sentir que os homens só gostavam dela por isso. Depois de ler o P4H, Stella desconfiou de que sua vagina inquieta estava comandando o barco e que, talvez, uma falta de comunicação apropriada entre ela e sua encrenqueira havia sido a causa de muitas reações negativas que ela recebia dos homens. Quando ela assumiu o desafio do Plano, Stella ficou um pouco nervosa: "É assustador, já que é uma nova maneira de ver as coisas, mas eu TOPO!"

Seu primeiro Homem Um Quarto foi o Designer, e depois do primeiro encontro, ele mandou para ela uma caixa de suas belas roupas — embora eles ainda nem houvessem se beijado! Stella ficou chocada com seu gesto generoso: "Isso nunca aconteceu!" No terceiro encontro com ele, uma grande sessão de amassos no sofá fez dele um Homem Inteiro.

Stella temia afugentar o Designer retomando o antigo padrão de se concentrar em um único homem assim que as coisas passavam ao plano físico. Então, ela aplicou os Métodos de Coleta para obter vários Um Quarto. Stella deixou O Plano abrir sua mente de tal maneira que até incluiu o Homem Vermelho — alguém que antes teria sido considerado um inimigo político com uma importante qualidade para justificar um rompimento.

Seguir o Mínimo de Dois Encontros com esses novos Homens Projeto realmente a ajudou a se livrar dos antigos julgamentos imediatistas. "Eu costumava pensar que podia dizer se gostava de um homem ou não nos primeiros dois minutos. Mas, sabendo que teria de sair com eles novamente, comecei a ver todas as espantosas qualidades que eles possuíam e que, de outra forma, eu nem teria notado!" Todo mundo tem algo de interessante para oferecer. Considere cada encontro como uma caça ao tesouro — afinal, pode haver um coração de ouro batendo sob aquelas abotoadoras bregas. O Piloto Um Quarto e o Rapaz Alto Um Quarto eram muito mais divertidos do que ela esperava que fossem. E o Homem Vermelho ganhou um entusiasmado beijo de boa noite no final do terceiro encontro, o que fez dele um Homem Inteiro.*

Antes de realizar O Plano, Stella havia evitado homens que eram persistentes e bondosos, enquanto, simultaneamente, reclamava da inexistência de homens bons por aí. Oh, a ironia! Algumas semanas de Plano depois e Stella havia desenvolvido uma simpatia pelo bom rapaz — mas ela teve um ataque de Plan-ico por causa do novo Homem Um Quarto, o Artista, que a tratava *muito* bem, e isso a deixava profundamente incomodada. "Socorro! Ele é tão legal que estou

---

* Se toda Garota do Estado Vermelho se casasse com um Garoto do Estado Azul e toda Garota do Estado Azul se casasse com um Garoto do Estado Vermelho, eles criariam uma nação cheia de bebês roxos. Todos se dariam bem, e NÓS PODERÍAMOS SALVAR O MUNDO!

ficando maluca!" Felizmente, ela percebeu que ser "legal demais" não o qualificava para a Repulsa e perseverou.

No quinto encontro, o Designer preparou um ziti assado sem carne para ela, em respeito a sua condição de vegetariana. Muito gentil! E no encontro seguinte, ele sugeriu que ela "levasse a escova de dentes". Mas Stella usava o Índice de Espera por Sexo e, de acordo com suas medidas, ela ainda não estava pronta para ir tão longe com aquele homem, e foi clara ao dizer isso a ele. Ele protestou e insistiu por um tempo, mas Stella se manteve firme. Então, em vez disso, ele sugeriu uma massagem em dupla e um filme. Ah, uma escolha muito melhor para um sexto encontro!

Manter o Designer no patamar de Homem Inteiro deixou Stella muito animada. É excitante quando você percebe que, sem sexo, um homem pode encontrar outras maneiras de preencher o tempo com você. O que ele sugere como atividade alternativa revela muito mais sobre o potencial de um relacionamento com ele do que meia hora de gemidos no escuro.*

Após quatro meses do Plano, a carreira de Stella começou a tomar muito mais de seu tempo e a manter um gráfico Mantris cheio tornou-se mais do que ela podia administrar. Então, ela decidiu colocar o Gráfico e seus exigentes Homens Projeto em modo de espera. Ei, não deixe O Plano levar você à loucura. Afaste-se dele quando for preciso. O Plano não exige nenhum mínimo de dedicação em termos de tempo ou número de encontros por semana, então, dedique a ele

---

* O fato é que, quando você entra num relacionamento, mesmo que faça sexo sete dias por semana, mesmo que o faça por uma hora inteira, isso representa apenas 4,1666 por cento do seu dia. Então, para saber realmente como seria se casar com um cara, é uma boa ideia explorar o potencial dos outros 95,8334 por cento do tempo que você passaria com ele.

o tempo que quiser ou puder. Conclua seu período quando achar conveniente; o Homem 3 ½ não é o único resultado satisfatório.

Stella pegou os instrumentos que havia adquirido e guardou-os em sua caixa de ferramentas para nunca mais esquecer. A partir daí ela passou a usar um Plano sem Gráfico. Continua namorando e saindo sem tentar manter um controle visual, embora ainda empregue os importantes Princípios do Plano. Faça o que for melhor para sua vida e mantenha O Plano sempre à mão.

> O Projeto 4 Homens me ajudou a aprender como deixar um relacionamento se desenvolver naturalmente e me respeitar e a meu corpo o suficiente para não ter de pular na cama. Ter vários homens em minha vida me ajudou a não colocar ênfase excessiva em alguém que podia ou não ser bom para mim. Posso contar com minha capacidade e decidir. Não estou mais perdendo quem sou por tentar me transformar naquilo que eu acho que um homem em particular deseja que eu seja.
>
> Ainda estou aprendendo e provavelmente voltarei a usar o gráfico em breve! É uma grande ferramenta! Mas, ainda melhor que o Gráfico Mantris são as lições que se pode aprender mergulhando nessa nova maneira de ver e experimentar o namoro. Ainda não encontrei meu Homem 3 ½, mas estou cada vez mais perto disso, e os homens que se aproximam de mim mostram o quanto estou mudando. Garanto que caso você se dedique de verdade, vai colher frutos fantásticos!
>
> — Stella

O Gráfico Mantris de Stella

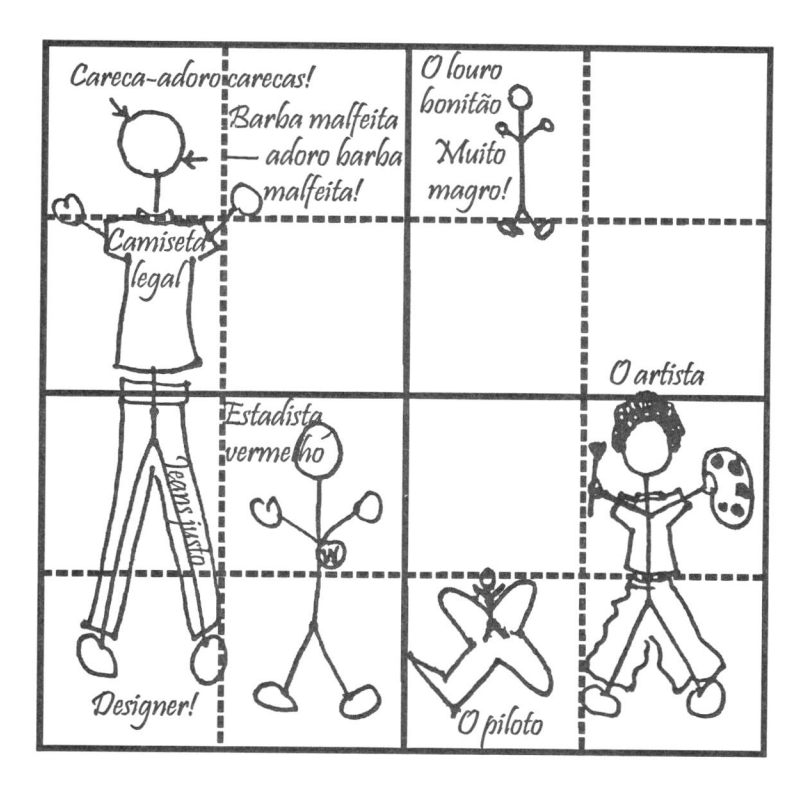

Projetista4H Chelsea – A queridinha

Chelsea tem cerca de 30 anos e é uma profissional de muito sucesso. Ela se tornou minha mais diligente Projetista4H e a primeira a inserir seus Homens-projeto no Gráfico Mantris usando o Excel! Ela me dava notícias semanalmente via blog, e toda segunda-feira de manhã eu acordava cedo e me sentava diante do micro com uma xícara de chá, ansiosa para ler os detalhes suculentos. Adorava meu café da manhã com Chelsea.

Chelsea chegou ao Plano como monogâmica em série que se entregava excessivamente, e com uma tendência à suspeita que havia herdado de sua querida mamãe. "O fato de nunca ter me casado prova que esse caminho não estava funcionando para mim", ela deduziu. Mais que tudo, Chelsea precisava aprender a receber e confiar.

Em sua primeira semana no Plano, ela teve dois encontros com dois novos homens. Era algo que ela não fazia havia mais de uma década! Por que ela esperara tanto? O Plano empurra a Projetista4H de volta ao potencialmente divertido mundo do namoro. Ele é nosso, só precisamos pegá-lo!

Enquanto Chelsea se dedicava a conhecer seus Homens Um Quarto, Anthony, um Reflexo Ex, reapareceu e ocupou a cobiçada posição de 2 ¼.*

Quando Evan, um Homem Um Quarto, foi buscar Chelsea para o primeiro encontro, ele estava vestido adequadamente

---

* Lembre, O Plano é um momento perfeito para explorar sua coleção de Exs não resolvidos. É uma chance de chegar ao encerramento ou estudar por que as coisas não deram certo. Ou, às vezes um Reflexo Ex é simplesmente uma maneira de se divertir entre os lençóis enquanto mantém os Homens-projeto a distância. Sinta-se à vontade para usar o tempo para explorar sua história a fim de melhorar seu futuro. Enquanto isso, não se deixe sugar de volta pelo rodamoinho — mantenha aquele Gráfico Mantris em fogo baixo!

e cheirava muito bem. Ele deu a ela um presentinho, levou-a para jantar e, depois, para assistir a uma comédia. Ela estava perplexa com tanta atenção, mas deixou acontecer. A gentileza de Evan causou uma profunda impressão em Chelsea, que percebeu que havia se envolvido com homens egoístas por tempo demais. Acostumara-se a pagar a conta nos encontros para não se sentir obrigada a dormir com eles.* Mas, isso só abria caminho para os homens a usarem. A bondade e a disponibilidade de Evan a fizeram questionar por que ela havia passado tanto tempo perseguindo o emocionalmente indisponível Anthony. Devagar, mas com firmeza, ela deixava de ser péssima no amor.

Em pouco tempo, Chelsea havia coletado outros Homens Um Quarto e Homens-metade que se equiparavam a Evan nos quesitos planejamento, generosidade e bom gosto. Sua nova maneira de ser e agir a tornava realmente interessante. "Era evidente que eu me abrira para receber — em vez de simplesmente dar o tempo todo (e depois praguejar em voz alta por isso), como havia feito no passado", ela me disse. É espantoso o que pode acontecer quando você troca sua colônia da desesperada por algumas gotas de Parfum de la Plan.

Ela acabou removendo o ex Anthony para promover Evan a seu Homem Dois e Um Quarto durante um final de semana intensamente romântico. Chelsea acreditava que tudo que restava a fazer era esperar que ele sugerisse o relacionamento

---

* Em algum momento, as mulheres começaram a acreditar que um homem pagando a conta significa que se deve a ele algum tipo de compensação sexual. DROGA, NÃO! Seja linda e charmosa e tire proveito máximo dos atributos do homem com quem está saindo, e saiba que sua companhia é uma retribuição mais do que suficiente. Mais importante, aceite e abrace a alegria de receber! Os homens AMAM perceber que uma mulher está contente com seu esforço. Deixe alguém fazer algo de bom por você e saiba que você merece essa gentileza.

monogâmico e, cuidadosamente, empregou o Paradoxo da Conversa. Enquanto esperava, ela continuava saindo pacientemente com seus outros Homens-projeto.

Então, uma noite, já bem tarde, ela recebeu um telefonema surpreendente e arrasador. Evan se removeu, alegando não estar realmente pronto para tudo aquilo. Desculpa ESFARRAPADA. E para Chelsea — Ai! Ser repentinamente abandonada é muito desagradável, esteja você desenvolvendo O Plano, ou não. Uma verdadeira maratona de programas "O que deu errado?" se desenrolou na cabeça de Chelsea em uma sequência de reprises. "Naquela noite, só consegui dormir algumas poucas horas antes de acordar ainda na total escuridão, com Evan na minha cabeça e uma tremenda pressão no peito", ela relatou. Ela teria especulado interminavelmente sobre o que o havia afastado, é claro, mas isso teria sido uma colossal perda de tempo.

Em vez disso, ela decidiu presumir que ele dizia a verdade, como orientava O Plano com relação a todos os Homens-projeto, pelo menos até que se provasse o contrário. Por mais doloroso que fosse, Chelsea aceitou a justificativa de Evan, e seguiu em frente sem fazer drama. Evan se tornou um grande exemplo do motivo pelo qual DISPONÍVEL torna-se um critério tão crucial quando procuramos por um homem.* Respondendo com classe à decisão de Evan de romper o relacionamento, Chelsea deixou a porta aberta para ele voltar mais tarde, se ela ainda estivesse disponível. (A propósito, meses mais tarde ele realmente tentou voltar, mas Chelsea havia perdido completamente o interesse por ele.) Esse é o

---

* Um relacionamento saudável exige dois participantes disponíveis. Qualquer coisa menos que isso é uma esteira ergométrica de esperança mal-empregada que só nos conduz ao sofrimento silencioso e ao chocolate tarde da noite.

risco que um homem corre quando se remove. Mais tarde, quando ainda estiver sozinho, mais velho e enferrujado, ele vai lamentar ter desistido de você, aquela que seguiu seu caminho. Você será uma espécie de Chuck na vida dele, e essa é toda vingança de que vai precisar.

Chelsea era a "rainha da recuperação" e conseguia se manter aberta e amorosa e continuar com o P4H. Ela ainda tinha seus outros Homens-projeto, afinal, e empregando agressivamente o Fator Sim e o poder da Conexão à internet, começou a sair com mais Homens-projeto, promovendo alguns e coletando outros. Ela ganhou um colar da Tiffany do Bom Médico e trabalhou suas questões de confiança com Rocco. Fez sexo divertido com o jovem e irreverente Leo e ensinou ao sargento Drill como usar os *hashi*. Quando perguntei como ela se sentia com relação a Evan, ela disse: "Desculpe, Evan quem?"

Chelsea logo percebeu que queria sentir alguma coisa mais profunda durante o sexo, algo mais intenso do que sentira no passado. Por isso, ela rebaixou Leo para Homem Inteiro e desistiu do sexo casual. Tornou-se mais consciente de que ELA precisava estar pronta para um relacionamento nesse nível, e compreendeu que sua Régua de Cálculo de Intimidade havia se alterado em alguns pontos. Sim, quando você para de sacrificar sua vagina como primeira linha de ataque, até um beijo pode se tornar íntimo e precioso.

Sexualmente domada, Chelsea tornou-se ousada e arrojada em outras áreas de sua vida e chegou a fazer uma viagem ao Havaí *sozinha*, e lá conheceu um homem quando estava dançando, e outro quando fazia uma caminhada, e outro no avião de volta para casa. Era como se, de repente, ela tivesse de espremer todos os homens que queriam entrar em sua vida para fazê-los caber em seu tempo!

Então, na volta, ela conheceu Speed Racer — uma espécie de ursinho de pelúcia em forma de homem. Eles combinaram de se encontrar, e ele realmente não era seu tipo. Porém, quando ele a convidou para jantar no dia de seu aniversário, que, por coincidência, também é Dia dos Namorados, ela aceitou. "Naquela noite, Speed Racer ultrapassou TODOS OS HOMENS!", ela lembrou. Na manhã seguinte, Chelsea mandou um cartão de agradecimento pelo melhor aniversário que já tivera. "Agora que não faço mais sexo oral para demonstrar minha gratidão, estou me tornando muito melhor com as palavras!"

No final do quarto encontro com Speed Racer, Chelsea o beijou e foi um pouco além, e ele se tornou oficialmente um Homem Inteiro. E, de repente, ele perguntou se poderiam ser só os dois! Mas ela se divertia tanto com O Plano, que disse a ele que teria de pensar sobre a proposta. Uma semana mais tarde, porém, Chelsea concordou com a relação monogâmica, rompendo cordialmente com todos os outros Homens-projeto, removendo seu perfil dos anúncios pessoais do Yahoo e acomodando-se nos braços de seu Homem 3 ½.

Agora é hora de ela respirar, relaxar e curtir. Ela está apaixonada por si mesma e a vida segue em frente. Isso aí, Chelsea!

> Seis meses de dedicação ao Projeto Quatro Homens mudaram significativamente a maneira como eu namorava e elevou seriamente o calibre dos homens que eu atraía. Passei a me comportar de forma mais leve nos encontros; eu me divertia muito, e (graças ao Índice de Espera por Sexo) conheci de forma muito mais autêntica cada um dos Homens-projeto, diferente do que acontecia no passado. No final, tudo isso me levou ao belo e afetuoso Homem 3 ½! Posso ser eu mesma com Speed Racer. Ele me conta que comigo é diferente do que foi com todas as outras mulheres que já teve, e ele me faz sentir especial. E isso é o que eu sempre quis!
>
> — Chelsea

O Gráfico Mantris de Chelsea

Ferdinand Glen Rocco Rico
             O personal
Leo O produtor O surfista

Projetista4H Ellie – A fênix

Ellie tem 40 anos e dois filhos pequenos. Se você acha que foi desafiada em sua vida amorosa, conheça um pouco mais a respeito de Ellie. Após 15 anos de casamento e dois filhos, o marido finalmente admitiu que se sentia atraído por homens — ou, em outras palavras, o marido dela era gay. CABUM! Sim, isso acontece de verdade. Ellie ficou arrasada e começou a questionar tudo sobre si mesma. Como isso pode acontecer? Ela o induziu a isso? O que significava para ela, a esposa? Após meses tentando superar o choque e imaginando se algum dia seria capaz de se envolver em outro relacionamento com um homem, ela tomou conhecimento do Projeto Quatro Homens.

Ellie abraçou a ideia de experimentar o P4H por várias semanas. Ela começou devagar, e com uma das minhas fontes preferidas para um Homem-projeto: uma amiga apresentou Joe a ela. Depois de um adorável almoço no primeiro encontro, mas nenhum telefonema posterior, ela seguiu a regra do Mínimo de dois encontros e o convidou para ir ao teatro uma semana mais tarde. Com isso, um segundo encontro sexualmente eletrizante resultou em um necessário rala e rola, e Joe se tornou seu Homem Inteiro.

Mas o divórcio era recente, e Ellie sabia que sua vida amorosa precisava tratar de sua cura, não de Joe, Joe, Joe, e Joe. Por isso, ela programou almoços com dois Homens Um Quarto a fim de manter em equilíbrio o relacionamento com Joe.

No terceiro encontro, ela e Joe fizeram sexo. Urra! Lembre-se de que não há "regras" com relação a quando você deve transformar um homem em seu 2¼. Deve ser quando você sentir que é correto para você, e isso pode mudar com base no estágio do Plano em que você se encontra, em sua vida, ou no homem com quem está. Considerando a maneira pela qual seu casamento havia terminado, era hora de Ellie começar a agir. Mas como ela estava comprometida com a realização do Plano, precisava se certificar de dividir Joe ao meio e informá-lo de que estava saindo com outros homens antes do prazo final representado pelo terceiro encontro. Tecnicamente, ela devia ter feito isso quando o tornou um Homem Inteiro, mas ela deixou o Pêndulo de Lu balançar para o outro lado e voltou ao caminho. "Joe e eu conversamos sobre estarmos saindo com outras pessoas, mas só dormirmos um com o outro. Aquela conversa foi muito mais tranquila do que eu esperava", ela me contou.*

Logo, Ellie pegou o jeito do Plano e tinha um gráfico quase cheio. No primeiro encontro com Batman, a química era incrível e ela estava pronta para a ação. Mas Joe era o homem $2¼$, e compreendendo perfeitamente a Regra de Chuck, Ellie parou para pensar antes de ir para a cama com outro.

Ela descobriu que simplesmente saber que era desejada tinha muito mais valor do que transar com Batman. Algo que ela agradeceu, já que ele havia sido descartado por estar mais para Pinguim e por lhe dar a Repulsa. Dá para imaginar como seria ruim se ela o tivesse deixado entrar na sua Batcaverna, removendo Joe, de quem ela gosta muito?

Ufa! Foi por pouco, Superprojetista4H!

---

* É sempre surpreendente para mim como as Projetistas4H descobrem que os Homens-projeto não se incomodam com o fato de elas estarem saindo com outros homens, mas, em vez disso, se mostram aliviados e/ou intrigados. No início, podem ficar contrariados, e talvez até se afastem por um momento. Mas isso também os faz pensar sobre se você é ou não digna de algum esforço. E quando eles tomam essa decisão, os homens com algum potencial provavelmente voltarão para seu Gráfico Mantris, ou darão o grande passo e pedirão para ser seu Homem $3½$.

Mas as coisas com Joe não eram tão tranquilas, e logo Ellie teve um Ataque de Plan-ico porque Joe podia passar até uma semana inteira sem falar com ela. Ele também era divorciado e tinha filhos, e nas férias, as atividades familiares o mantiveram afastado. Ellie começou a ter dúvidas e criar falsos cenários. Esse é o tipo de armadilha mental que prejudica o raciocínio de uma mulher e dispersa sua energia. Nós, mulheres, adoramos criar filmes misturando nossas dez maiores inseguranças com algumas fantasias antigas, mas boas, e depois passá-los repetidas vezes no interior da nossa cabeça. Felizmente, o Projeto4H deu um pause nessa exibição de Ellie quando as coisas tomaram outro rumo muito interessante.

Ellie se correspondia com alguns poucos Homens Um Quarto pela internet e, para sua surpresa, ela se descobriu cada vez mais intrigada pelo Homem Devagar, embora eles nem se conhecessem pessoalmente. A conexão à internet recomenda que você converse e conheça pessoalmente um Homem-projeto bem-escolhido e encontrado na rede antes de se animar demais com as mensagens na tela, e foi o que ela fez. O Homem Devagar serviu como uma distração que logo rendeu frutos. Quando Ellie finalmente recebeu uma mensagem de Joe dizendo que ele telefonaria assim que voltasse das férias, a reação dela foi: "Estou bem esperando por ele — agora que o Homem Devagar entrou em cena!"

Pouco depois, o marido da melhor amiga de Ellie sofreu um derrame e Ellie viajou para ir ajudá-la. Seria impossível tentar manter seu Gráfico Mantris cheio, mas ela continuou com seus Homens-projeto já estabelecidos. Naturalmente generosa, talvez generosa demais em alguns momentos, Ellie usou O Plano para se certificar de deixar algum tempo para ela mesma e para a diversão enquanto cuidava da amiga. O Homem Devagar ofereceu seu apoio falando em seus e-mails sobre vários sites onde Ellie poderia encontrar informações sobre derrames, esperando que, assim, ela pudesse colaborar ainda mais com a amiga. "Aquilo foi melhor do que me oferecer uma dúzia de rosas vermelhas!" E ele realmente a ajudou a pensar menos em todos os problemas quando, certa noite, foi visitá-la e os dois passaram duas horas diante da lareira, trocando beijos ardentes! O Homem Devagar logo se tornou um Homem Inteiro — e ela o renomeou para Homem Favorito!

Ellie ainda estava saindo com o Homem Favorito quando Joe voltou à cena. "Eu me sinto um pouco culpada por sair com Joe enquanto me torno mais próxima emocionalmente do Homem Favorito", ela confessou.*

Naquele tempo, Ellie não percebia, mas o Índice de Espera por Sexo e a Regra de Chuck trabalhavam perfeitamente por ela! Não fazendo sexo com seu Homem Favorito, ela dava chance para o desenvolvimento de outras formas de intimidade. E, ao mesmo tempo, não prejudicava um futuro relacionamento com Joe. Joe era mais próximo dela no aspecto físico, enquanto o Homem Favorito a apoiava emocionalmente. As necessidades de Ellie eram supridas sem que ela tivesse de se dedicar à tarefa de manter um relacionamento em tempo integral em um período em que não se sentia pronta para isso. Todo mundo sai ganhando!

No final, agendas cheias e diferentes estilos de vida acabaram levando o Homem Favorito a desistir. Foi triste, mas muito equilibrado. Ele a ajudara em um tempo difícil, e ela ainda saía com outros homens. "Fomos muito bons um para

---

* Quando você se dedica ao Plano, culpa é inútil. É só uma maneira de se limitar e atormentar. Todas as partes envolvidas são adultas; os homens foram informados sobre a verdade e estão fazendo o que querem. Deixe o Teorema Disney operar sua mágica sem culpa!

o outro. Aprendi muito com o Homem Favorito e o tempo que passamos juntos, por isso lidei bem com o fim dos nossos encontros."

Enquanto cuidava dos papéis do divórcio, ela decidiu se afastar um pouco do Plano até se sentir realmente pronta para se envolver de verdade com alguém.

O P4H abriu as portas para um novo futuro para Ellie — ela identificou possibilidades, superou um momento difícil e seguiu em frente. Hoje ela continua sozinha, mas está feliz, e Joe continua esperando pacientemente...

> Trabalhando com o Projeto Quatro Homens, aprendi a ser mais solidária e paciente comigo mesma e com os homens. Mais importante, recuperei a autoconfiança que havia perdido por ter estado casada com um homossexual. Agora entendo tudo isso, e não preciso sair por aí fazendo sexo para provar para mim mesma o que já sabia – que sou uma mulher desejável, que sou bonita por dentro e por fora, que sou digna de atenção e até que sou um bom partido!
>
> – Ellie

O Gráfico Mantris de Ellie

Projetista4H Georgia – A grande matrona

Georgia tem quase 60 anos e já foi casada duas vezes. Seu primeiro casamento durou 14 anos e terminou em um doloroso divórcio; na segunda vez, ela passou 17 anos ao lado do marido e foi muito feliz, até ele morrer subitamente em 2003. Georgia também é avó e se mantém fisicamente ativa. Ela dança salsa e até me mandou uma foto encantadora dela mesma em um maiô com sua prancha de surfe na praia!

No geral, Georgia passou mais anos casada do que solteira. "Nós que já fomos casadas por muito tempo e de repente nos vemos namorando somos, talvez, mais inexperientes do que as garotas que estão apenas começando", ela explicou. Com relação ao casamento, Georgia provavelmente poderia nos ensinar alguns truques, mas, como mulher solteira, ela é péssima no amor. O Projeto Quatro Homens deu a ela o apoio necessário para retornar ao campo depois de anos fora de circulação.

Assim que começou O Plano, Georgia abandonou a enorme Lista de Expectativas que havia desenvolvido baseada em seu amoroso marido, e, para sua surpresa, coletou Dois Homens Um Quarto em menos de 24 horas! Ela foi a um show e recebeu seu primeiro cartão de apresentação. Depois, começou por acaso uma agradável conversa com alguém no mercado e obteve seu segundo endereço de e-mail. "Eu era como uma borboleta indo de flor em flor e colhendo o néctar", ela riu.

Georgia também tinha um parceiro de salsa e Homem 2¼, alguém muito mais jovem que ela e, como ela mesma colocou, "um relacionamento temporário". Ela havia tentado em vão tornar essa relação mais importante do que era, mas agora que tinha o P4H, ela percebia que podia se divertir com o jovem bonitão enquanto se mantinha aberta para a possibilidade de algo mais sério. Então, ela o informou de que estava vendo outros homens. Aquele foi um uso perfeito do 2¼ — dando a seu amante esquivo uma chance de levar o relacionamento um passo adiante ou manter as coisas como estavam enquanto ela explorava suas opções.

Georgia ia muito bem, caminhando feliz, quando se viu diante do, *glup*, Ângulo Garota das Garotas. Ela percebeu que assediando o Inviável, o homem de uma amiga, ela havia sido uma Garota dos Caras. Buuuu. "Eu me desculpei com minha amiga e nós choramos. Foi humilhante. O Plano me libertou de ter de competir pelo homem de outra mulher e me deu regras para jogar com integridade, e essa é minha parte preferida."

Georgia seguiu o Fator Sim e o Mínimo de Dois Encontros com um número de Homens Um Quarto, e depois, pela primeira vez desde sempre, começou a procurar on-line por mais candidatos ao gráfico. Jay foi o segundo homem do Matchcom com quem ela saiu. "Houve uma conexão instantânea. Sinceramente, acho que nos apaixonamos no instante em que nos vimos", ela me disse. Mesmo assim, ela sabia que tinham de ir devagar, porque precisavam de tempo para saber se o que sentiam um pelo outro era verdadeiro, e assim ela continuou saindo com seus Homens Um Quarto. "O Plano me permitiu sentir livre e à vontade, sem carências e urgências. Isso fez toda a diferença."*

---

* Ficar realmente entusiasmada com alguém pode nos fazer correr atrás dessa pessoa e afugentá-la. Criamos sempre uma fantasia que não é razoável com base nos poucos encontros que temos. Os homens se assustam com isso. E mesmo que você não compartilhe com eles suas apavorantes fantasias, é como se espirrasse em si mesma repelente para homens. Eles podem sentir tudo isso e não se aproximam, porque não querem se sobrecarregar com expectativas irascíveis. Manter as coisas em seus devidos lugares e dar a elas a apropriada porcentagem de sua atenção ajuda a impedir que eles fujam de alguma coisa que tem realmente potencial.

No final de seu segundo mês, o P4H havia funcionado tão bem que Georgia o encerrou e começou a sair apenas com Jay. Ele sempre soubera da existência de outros concorrentes, e não demorou muito para ele sugerir que dessem chance ao que estava acontecendo tornando a relação monogâmica. Então, ela disse a seu Homem $2^{1/4}$ que havia conhecido alguém de quem realmente gostava, e que por isso não voltaria mais a vê-lo. Ambos ficaram tristes com o fim, mas ele a entendeu. Jay tornou-se seu Homem 3½.

Três meses mais tarde, tive notícias de Georgia novamente. "No último final de semana, Jay e eu ficamos noivos. Estou muito, muito feliz!", ela escreveu. Ah, a "distribuição dos deuses do amor" a favoreceu! Georgia se tornou minha primeira Projetista4H noiva! Ela já foi casada e feliz anteriormente e sabe o que a espera. "Jay é sincero, amoroso, e disponível (disponibilidade é crucial, definitivamente!) e é muito mais: generoso, divertido, bonito, gentil, talentoso, atraente e assim por diante. Nossas vidas se encaixam... é realmente muito bom. Ele tem exatamente os talentos pelos quais sempre me senti atraída, mas é de etnia mista e isso é algo novo para mim, e é muito, muito atraente. E devo confessar que ele também me considera muito atraente!"

Parabéns, Georgia! Que seus anos de vida com Jay sejam gloriosos e cheios de alegria.

A corajosa Georgia fez tudo parecer muito fácil. Nunca é tarde demais para dominar as grandes ondas do Plano. Aloha, Vovó Surfista!

O Gráfico Mantris de Georgia

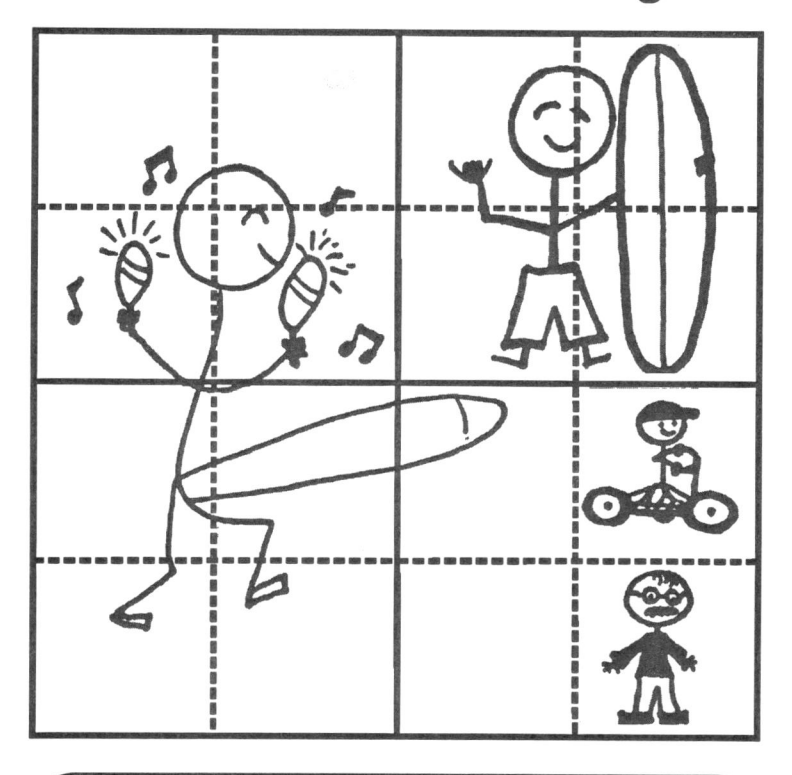

> O Projeto Quatro Homens é brilhante. Foi a maneira mais perfeita de sair da minha vida antiga e encontrar outra nova. Dei a todos uma chance e tive várias possibilidades em andamento, por isso não me senti carente. Fiquei feliz e me diverti muito namorando. No final, o romance prevaleceu!
>
> Então, muito, muito obrigada por sua divertida, engraçada e eficiente sabedoria. Espero que todas as suas outras Projetistas4H possam aproveitar o processo tanto quanto eu. Obrigada mais uma vez. Isso realmente funciona!
>
> — Georgia

Como usar o Mantris em branco

Homem-projeto	Valor	▲ ou ▼	Notas
1. Romeo	2 ¼	NOVO	Reflexo Ex
2. Nick	¼	NOVO	Mímico
3. Malaka Hiki Hi	1	↑	Disse me amar
4. Homem Marlboro	½	↑	Apertou a mão de Malaka
5.			
6.			
7.			
8.			
9.			
10.			

Projeto 4 homens

Semana ____

Homem-projeto   **Valor**   **▲ ou ▼**   **Notas**

1. _____ _____ _____ _____
2. _____ _____ _____ _____
3. _____ _____ _____ _____
4. _____ _____ _____ _____
5. _____ _____ _____ _____
6. _____ _____ _____ _____
7. _____ _____ _____ _____
8. _____ _____ _____ _____
9. _____ _____ _____ _____
10. _____ _____ _____ _____

Projeto 4 homens

Semana ____

Homem-projeto   **Valor**   ▲ ou ▼   **Notas**

1. _____ _____ _____ _____
2. _____ _____ _____ _____
3. _____ _____ _____ _____
4. _____ _____ _____ _____
5. _____ _____ _____ _____
6. _____ _____ _____ _____
7. _____ _____ _____ _____
8. _____ _____ _____ _____
9. _____ _____ _____ _____
10. _____ _____ _____ _____

Projeto 4 homens

Semana ____

Homem-projeto   **Valor**   **▲ ou ▼**   **Notas**

1. _____ _____ _____ _____
2. _____ _____ _____ _____
3. _____ _____ _____ _____
4. _____ _____ _____ _____
5. _____ _____ _____ _____
6. _____ _____ _____ _____
7. _____ _____ _____ _____
8. _____ _____ _____ _____
9. _____ _____ _____ _____
10. _____ _____ _____ _____

Projeto 4 homens

Semana ____

	Homem-projeto	**Valor**	**▲ ou ▼**	**Notas**
1.				
2.				
3.				
4.				
5.				
6.				
7.				
8.				
9.				
10.				

Projeto 4 homens

Semana _____

	Homem-projeto	Valor	▲ ou ▼	Notas
1.				
2.				
3.				
4.				
5.				
6.				
7.				
8.				
9.				
10.				

Projeto 4 homens

Semana ____

	Homem-projeto	Valor	▲ ou ▼	Notas
1.				
2.				
3.				
4.				
5.				
6.				
7.				
8.				
9.				
10.				

Projeto 4 homens

Semana ____

Homem-projeto	Valor	▲ ou ▼	Notas
1.			
2.			
3.			
4.			
5.			
6.			
7.			
8.			
9.			
10.			

Projeto 4 homens

Semana _____

Homem-projeto   **Valor**   **▲ ou ▼**   **Notas**

1. _____ _____ _____ _____
2. _____ _____ _____ _____
3. _____ _____ _____ _____
4. _____ _____ _____ _____
5. _____ _____ _____ _____
6. _____ _____ _____ _____
7. _____ _____ _____ _____
8. _____ _____ _____ _____
9. _____ _____ _____ _____
10. _____ _____ _____ _____

Projeto 4 homens

Semana ____

	Homem-projeto	Valor	▲ ou ▼	Notas
1.				
2.				
3.				
4.				
5.				
6.				
7.				
8.				
9.				
10.				

Projeto 4 homens

Semana ____

Homem-projeto   **Valor**   ▲ ou ▼   **Notas**

1. _____ _____ _____ _____
2. _____ _____ _____ _____
3. _____ _____ _____ _____
4. _____ _____ _____ _____
5. _____ _____ _____ _____
6. _____ _____ _____ _____
7. _____ _____ _____ _____
8. _____ _____ _____ _____
9. _____ _____ _____ _____
10. _____ _____ _____ _____

Projeto 4 homens

Semana ____

    Homem-projeto   **Valor**   ▲ **ou** ▼   **Notas**

1. _____ _____ _____ _____
2. _____ _____ _____ _____
3. _____ _____ _____ _____
4. _____ _____ _____ _____
5. _____ _____ _____ _____
6. _____ _____ _____ _____
7. _____ _____ _____ _____
8. _____ _____ _____ _____
9. _____ _____ _____ _____
10. _____ _____ _____ _____

Em resumo

Adoro O Plano. Não só porque o criei nem porque ele me trouxe Earl. Adoro O Plano porque ele me fez chegar mais perto de mim mesma. Todos os meus dramas e traumas, o hábito de correr em círculos com os homens, tudo era só uma maneira muito elaborada de evitar entrar em contato comigo mesma.

Meu maior desejo para qualquer garota que execute O Plano é que ela encerre sua corrida na roda do amor. Não só ela vai deixar de ser péssima no amor, mas uma Projetista4H terá adquirido uma compreensão mais profunda sobre quanto poder ela tem por meio de como percebe os homens e os relacionamentos. Ela passará a vida sendo o melhor que puder e viverá em um mundo repleto pelo amor que ela criou.

Essa sociedade, na qual as pessoas podem sobreviver sozinhas, sem trabalho em equipe, sem um parceiro, transformou o amor em um item de luxo. Um acessório sobre o qual pensamos ter infinitas escolhas e com relação ao qual não deveríamos nos contentar com menos do que a perfeição. Mas, embora possamos seguir respirando sem amor, você não vive realmente sem ele. No fundo, sabemos que o amor é essencial e que a perfeição é impossível.

Criei uma estrutura para o amor porque é dentro de uma estrutura que aprendemos a melhorar. Estruturas criam limitações, e limitações são a inspiração para a criatividade e o brilhantismo. Ela abre espaço para o intuitivo (fique de olho na bola) e para o contraintuitivo (pule, e a rede vai aparecer).

Algumas de minhas Projetistas4H me perguntaram depois de várias semanas de execução do Plano: "Onde todos esses homens incríveis estiveram durante todo esse tempo?" Bem, esses podem ser exatamente os mesmos homens que trataram mal as mulheres ou simplesmente as usaram por sexo. Não podemos eliminar a possibilidade de que eles, também, estivessem procurando por alguém com quem pudessem se casar, e depois tenham se decepcionado com a própria escolha. As mulheres devem entender que nós determinamos o nível da água em que os homens aprendem a nadar. Quando eles encontram uma mulher de qualidade e profundidade, encaram o desafio de se igualar a elas e até serem melhores.

A rede que surgiu para me pegar é uma bela comunidade de mulheres, cada uma de nós puxando a outra para cima com todos os recursos que temos, sejam eles quais forem. Recebi mais tesouros de minhas amigas e Projetistas4H do que de todas as arcas imaginárias que estive perseguindo tentando obter a aprovação dos homens.

Existe por aí uma frase que tem sido repetida com uma frequência cada vez maior: *"Se o mundo fosse comandando pelas mulheres..."*

Se somarmos todo o tempo e a energia que as mulheres desperdiçaram chorando e se descabelando por homens e canalizássemos tudo isso para quem realmente somos, essa ideia poderia ser uma realidade. É nossa vez de tentar comandar o mundo, não acham?

Nesta última edição do Plano, considerei muitos dilemas e insights incríveis que me foram apresentados por minhas Projetistas4H e os uni aos meus. O Projeto Quatro Homens se tornou tão complexo e multidimensional quanto o coração de uma mulher, e isso me faz amá-lo ainda mais.

CINDY — Y + E(2)ARL = Cinderela!

O credo da Projetista4H

1. Seja sempre você mesma.
2. Diga sempre a verdade quando ouvir uma pergunta direta.
3. Seja sincera, amorosa e disponível, e todos esses atribuídos serão correspondidos.
4. Proteja outras mulheres e seus relacionamentos.
5. Acredite que homens bons estão em todos os lugares e que há o suficiente deles por aí.
6. Acredite que o amor pode ser praticado e apreciado mesmo quando você não está "apaixonada".
7. Acredite que dividir suas expectativas multiplica suas chances no amor.
8. Acredite que o amor é conquistado, não encontrado.
9. Acredite que sua companhia e atenção são recompensas suficientes.
10. Acredite que sua vagina é sagrada.
11. Divirta-se, droga!

Glossário

Garota das Garotas *subst.* Uma mulher que honra todas as mulheres e seus relacionamentos.

Garota dos Caras *subst.* Uma mulher que se joga sobre homens casados e em outras relações monogâmicas.

Gráfico Mantris *subst.* Uma tabela 4X4 usada por uma Projetista4H para acompanhar o progresso de seus Homens-projeto.

Homem Dois e Um Quarto *subst.* O Homem-projeto com quem um Projetista4H está dormindo.

Homem Inteiro *subst.* 1. Um Homem-projeto que disse a palavra "amor" a sua Praticante4H 2. Um Homem-projeto que chegou à segunda base com sua Praticante4H.

Homem-metade *subst.* Um Homem-projeto com quem uma Projetista4H teve pelo menos três encontros e/ou sabe que ela está encontrando outros homens.

Homem-projeto *subst.* Qualquer homem que esteja se relacionando com uma Projetista4H.

Homem Três e Meio *subst.* O Homem-projeto que pode ser descrito como sincero, amoroso e disponível, e iniciou e foi aceito em uma relação monogâmica com uma Praticante4H.

Homem Um Quarto *subst.* Um Homem-projeto que fez contato, mas não teve mais de dois encontros com uma Praticante4H.

P4H *subst.* Abreviação para O Projeto Quatro Homens.

Postulado *subst.* Algo que é presumido como verdadeiro e usado como base de um argumento ou de uma teoria.

Praticante4H *subst.* Uma mulher que está praticando o Projeto Quatro Homens.

príncipe encantado *subst.* Uma criatura mítica cujo desprezo leva a trauma e sofrimento.

princípio *subst.* Uma regra de ação ou conduta aceita ou professada.

Remover *v.* Remover um Homem Dois e Um Quarto do Projeto Quatro Homens porque sua Praticante4H está dormindo com alguém novo.

teoria *subst.* Um grupo coerente de proposições gerais usadas para explicar uma classe de fenômenos.

Sobre a autora

Atriz profissional há mais de 18 anos, Cindy Lu se apresentou em teatros por todos os Estados Unidos e em dezenas de programas de televisão, filmes e comerciais. *Projeto 4 homens* começou como um monólogo apresentado em Los Angeles. Entre encontros e encenações, ela também foi garçonete, bartender, secretária particular e terapeuta de cura energética.

Cindy Lu mora em Culver City, Califórnia, com o marido, Earl, e seus três cachorros. Para mais informações sobre Cindy Lu e *Projeto 4 homens*, visite www.thefourmanplan.com.

Este livro foi composto na tipologia Perpetua,
em corpo 11,5/14, impresso em papel off-white 80g/m²
no Sistema Cameron da Divisão Gráfica
da Distribuidora Record.